医药系统营销之道

王泓涛 著

中国纺织出版社

图书在版编目（CIP）数据

医药系统营销之道 / 王泓涛著. --北京 ：中国纺织出版社，2018. 10 （2020.6 重印）

ISBN 978-7-5180-5597-5

Ⅰ. ①医… Ⅱ. ①王… Ⅲ. ①药品—市场营销学 Ⅳ. ①F724. 73

中国版本图书馆 CIP 数据核字（2018）第 259306 号

医药系统营销之道

策划编辑：樊雅莉　　责任校对：寇晨晨　　责任印制：王艳丽

中国纺织出版社出版发行

地址：北京市朝阳区百子湾东里 A407 号楼　邮政编码：100124

销售电话：010—67004422　传真：010—87155801

http：//www. c-textilep. com

E-mail：faxing@c-textilep. com

中国纺织出版社天猫旗舰店

官方微博 http：//weibo. com/2119887771

北京虎彩文化传播有限公司印刷　　各地新华书店经销

2018 年 10 月第 1 版　2020 年 6 月第 5 次印刷

开本：710×1000　1/16　印张：12. 375

字数：260 千字　定价：58. 00 元

前　言

《医药系统营销之道》对当前医药管理体制和医药市场进行深刻剖析与研究，试图完善具有中国特色的医药市场营销学的理论框架、研究对象和方法论体系。

本书主要分为七章，第一章主要写了医药营销的未来，第二章阐述百家争鸣中的品牌发展之路，第三章是系统营销管理中的运营之道，第四章是品类品牌化的实现方法，第五章是有效营销模式的解析，第六章是隐性价值决定企业存亡，第七章是系统管理工具。全书语言通俗易懂，理论分析深入浅出，能更好地为本专业学者等提供参阅平台。

参与本书编写的人员为具备丰富医药营销经验的专家，他们在繁忙的工作之余，将多年医药营销经验进行整合、编写、修改，力争做到最好。但由于编者水平有限，书中若存在不妥或疏漏之处，恳请广大读者及同道不吝指正，以供今后修订时完善。

王泓涛

2018 年 10 月

目 录

第一章　医药营销的未来

医药营销这个看似很大众但属于特定渠道的标准化产品的营销活动，近几年在国内做的风生水起。药品不同于快消品，它是标准化产品，无论从工业、商业还是零售终端或是医院终端都受到国家政策的较大影响，于是医药营销战术上也会有相应的“天花板”。正因为医药营销的渠道比较窄，营销手段相对单一，产品同质化又相对严重，因此，药品的营销压力空前巨大。近几年由于行业政策的密集出台，规范性制度层出不穷，这对医药行业的发展显然是非常有意义的。但对于药品生产工业来讲，未来几年将步入发展的关键时期，一些落后理念、落后思维和质量标准差的企业必将面临着市场的淘汰。说起医药营销的本质问题，推广的逻辑一直没有变化，即医生、药师推荐再加上品牌营销，但不同的管理能力和市场运作策略导致了不同企业的营销面临着不同的境遇，有的企业在红海中崛起，有的企业却奄奄一息，差异在哪里？我们面临的行业环境应该用什么样的方法来应对呢？我想这是很多从业人员感到困惑的问题。医药营销的未来不仅仅是一个方法、一套理论、一个产品就能成就企业的，随着信息化程度越来越高，医药营销的发展也日新月异，未来的营销一定是要建立一个系统，搭建一个平台，导入一个模式，调动一群人员，聚焦一个品类才有成功的可能，我们需要系统的思维方式来思考医药营销的未来。

第一节　传统营销演变及新营销时代

随着医药行业的不断发展，国内医药产品的同质化竞争越来越严重，相同成分、相同作用的产品在市场上进行着激烈的竞争。过去我们采取的“渠道＋分销”或“渠道＋终端”的模式开始缓慢下沉，后来基层市场开始慢慢崛起，应运而生的“控销”又开始在市场上大肆兴起，市场上很多的企业都开始了合作制或合伙制操作。我们深入思考和研究本质，就会发现，营销的原理没有变化，营销的管理方式却发生了改变，因为管理方式决定着企业的效率，所以一些企业很重视营销管理方式的转变，通过不断优化管理方法，来促进市场的开拓。近几年OTC的营销模式转变的相对较快，加上信息化的应用，衍生出非常多的新手段和新方法，通过在线培训达到推广目标的；通过远程医疗来带动销售的；通过社区康复来进行健康管理的各种各样的互联网应用工具层出不穷，有为企业营销服务的，有为内部员工管理服务的，这些工具的产生无不折射出企业对营销管理的强烈需求。

随着经济水平的发展和需求的增加，和新一代基层员工群体的出现，九零后甚至零零后已经开始加入了营销队伍，这一代人的自我价值实现意识和开放自由的心态，也决定着未来营销管理的方式要有变化，因此我们在市场上能够看到越来越多的企业的基层业务人员已经成为了“伪员工”。这个词笔者从几年前在医药行业的会议上提出，当时提出来如何解决“伪员工”的问题便有非常多的争论，那么我来解释一下什么是“伪员工”。“伪员工”主要是指基层管理人员或基层业务人员，就是同时拿着两家以上薪水或者拿着本公司的薪水同时还做其他产品的基层销售。经过笔者亲自到终端走访调研发现，这些掌握着终端资源的基层员工只要有精力绝对不会仅仅做一个企业的产品，更有能力的员工干脆已经在本地区做了老板。这是行业发展和社会发展的产物，经过调查发现，按照处方和OTC拉平统计，外企和大型国企相对“伪员工”较少，分别有23%和34.5%左右，以民营企业和中小企业居多，分别是47%和63%，这组数字根据全国20多个地区上百份沟通问询得出来的，虽然不见得完全准确，但是大体的数字上已经足够证明，现有市场上企业对终端资源的争夺已经达到白热化的地步。由于“伪员工”对于企业来讲有很强的隐蔽性，因此企业主要是通过过程管理来进行约束，这些掌握着大量终端资源的基层员工，一旦有了自己的资本便不再受原有企业的约束，从中也折射出，国内中小型民营企业的文化管理和系统管理让员工的归属感不强，而大型国企由于有良好的福利和稳定性，外企有良好的员工培养计划和激励管理系统而让员工变得相对稳定，这也是我们很多国内私企需要认真思考的问题，“伪员工”一旦出现，他的主要目的将紧紧围绕着自己的利益展开，这会给很多企业在营销创新的时候带来新的阻力，要想应对未来营销的挑战，新营销模式就需要适应现代市场的发展规律，既然我们一家企业无法满足员工的全部需求那么新的营销模式设计就需要充分考虑其中的各种因素。

在如今“两票制”“营改增”大的前提下，“平台化”营销模式将成为企业发展的重要基础，如果企业还抱着“控制、强压”式的管理思维，必将被社会所淘汰，未来属于“平台”“共享”的时代，企业服务客户的理念要真抓落实，要将员工视为合作伙伴，建立支持和服务体系，进行市场督导联合体，从而形成平台化运作模式，未来创新一定是平台之间的竞争。

第二节 “前终端”管理的大趋势

我们来探讨一下目前医药行业终端的构成，普遍认为第一终端为医院；第二终端为药房；第三终端一般是指社区诊所、乡镇卫生院等，但是从目前市场状况来讲，“第三终端”的概念显然有些不合时宜，也许用基层终端来描述会更具体一些。在这里先不讨论第几终端的问题，而是通过行业的发展和市场营销模式的演进，来对未来终端的营销做一个趋势性分析。

那什么是“前终端”呢？“前终端”的概念是笔者在2015年的一次行业论坛上第一次提出来的。从行业的整体发展趋势来看，从“饱和广告＋产品”时代，后来发展到渠道驱动广泛分销的时代，我们发现这个时代的商业物流体系开始发达，因此也成就了像九州通这样的企业，然后就是全终端拓展时代的来临，从“渠道为王”开始向“终端为王”转变，谁离终端近谁就是赢家，因此也成就了一大批以“控销”为主要模式的企业（注：控销主要是指以控制渠道、控制终端为主的药品销售方法。由于渠道和终端可控，因此价格也可控，价格稳定后每一个层级的利润就能够保障，因此医药工业在2015年以后“控销”的概念开始流行，但每个企业“控销”的具体方式方法都有一定的差别）。以终端“控销”为主的企业实际上是通过这种模式直接打通了企业与终端的链接，然而，企业在应用这种模式操作市场的时候，往往需要具备几个条件：第一，要有合适的产品群，通常在30～40个产品之间；第二，有较高的毛利空间；第三，有一定的品牌基础；第四，有一定的资源或者是网络，分成两种，一种是自己建立，一种是嫁接资源。

终端一直是厂家的必争之地，然而随着老龄化社会的来临以及传播碎片化时代的到来，仅仅在终端以坐等的态度面对营销是被动消极的，因此“前终端”管理即将登场。所谓“前终端”管理就是利用相应的模式增加顾客对产品的认知和黏性，从而间接影响终端动销的行为。“前终端”管理和过去的广告营销是有区别的，“前终端”主要针对慢病人群，例如通过健康教育、健康管理、AI数据化设备应用、康复管理、在线问药问诊等手段进行的以“服务＋工具＋产品”的方式进行动销，在这个过程中，销售产品往往并不是直接的目的，在大健康发展的过程中以社区为主的“医、养、康、教”活动，一旦产生顾客黏性和建立起顾客互信机制，那么产品的推广也一定会成为动销的另一个重要渠道，随着社区发展以及百姓对健康的需求增加，“前终端”管理一定会成为医药传播推广的重要板块。

第三节　后品牌时代的品类品牌化

品牌是一个古老的话题。“品牌”这个词来源于古斯堪的那维亚语“brandr”，有“燃烧”的意思，指将印章烙印到产品上。早在1200年前，意大利就利用水印在纸上做品牌了，今天品牌的价值不断地在各个行业间显示出巨大的市场威力，它是一个复杂性的话题，形成品牌需要有系统性、科学性、有效性的管理规划。今天应行业著名品牌管理机构桑迪咨询之邀请特撰写此文阐述笔者操盘多个品牌企业的一些感悟和认识且与大家分享。

首先，品牌是企业的战略。是否做品牌与如何做品牌应该是企业战略的一部分，如果说产品是根，质量是核心，那么品牌就是产品的灵魂，一个有了灵魂的产品一定拥有很多信仰它的客户。一个产品获得从满意度到美誉度再到知名度是一个缓慢的过程，因此再成为名牌和品牌就更加的不容易。经过初步调查，目前能称得上品牌的企业，其经营时间大多在15年以上，可见形成品牌的过程中其时间的积淀很重要。很多的企业都想做百年企业，通过历史的兴衰更替，我们回望一下百年企业，真正能够留下的只有品牌，它或许是一个人的名字，或许是一个标志性的符号，或是一种文化标签，因此我们可以充分地通过市场论证得出，品牌一定是产品市场化的终极目标。

其次，医药行业经过轮回变迁，尤其在当今竞争激烈的市场上品牌的价值成为了稀缺资源，每一个企业通过什么样的方式来展现，这就是笔者要讲的品牌的支点，个人认为过去伞状结构的品牌搭建方式在信息化和个性化的时代已经开始显得不合时宜了，那么围绕着当今的市场环境我们应该如何塑造药品品牌，打造品牌概念，从而提升医药产品生存能力呢？

由于医药工业是标准产品的生产企业，显然不同于五花八门的快速消费品行业。笔者在2010年提出，未来医药行业的品牌一定向品类品牌化发展，医药在传播受限、渠道受限的前提下想做品牌，未来一定是专注于某一品类产品，做到专业和极致才有可能形成品牌效应。笔者通过多年经验总结出的“OTC品类品牌七步法则”简要叙述与大家分享。

第一步，品类总分法则。

大家都知道当前媒体碎片化时代的品牌打造可谓难上加难，那么品类品牌化的时代，品类管理一定会成为“后品牌时代”的企业竞争集中点，市场上从来不缺少同类的产品，从不同的品类当中进行汇总再进行专业细分就是品类总分法则，个人主张将产品品类进行细分到不能再分，形成品类中的聚焦产品，然后将若干个细分后的产品进行到下一步的调研测试中。不同品类的管理在企业中所需要配备的资源是不同的，例如：心脑血管疾病和补益类产品所配备的力量完全不同。品类品牌化在医药行业就是高度专业化，因此在品牌化过程当中先占位再定位，占是占品类，定是定市场。

第二步，趋势调研法则。

有了品类总分之后需要测试产品在市场上的适应性，这首先需要对消费者用药习惯进行详尽的研究，同时要对社会消费趋势和产品转换趋势高度敏感，可以通过区域调研法和广众调研方式相结合，封闭问卷和开放问卷相结合的思路进行深入的市场研究，调研并不像传说中那么复杂，通过客户走访、消费者沟通等手段就能获得非常有价值的信息，调研过后对于不适合市场发展的产品暂行搁置，对于有发展机会的品类需要对产品的每一个细节再进行不断打磨，同时开始设计产品运营计划。

第三步，模式设定法则。

选定了产品之后就需要按照“以产品定模式，以模式导流程，以流程立制度”的基本顺序来进行营销和市场体系设计工作，每一种产品品类的品性差异决定了其运营方式的差别，因此营销模式的设计就成了整个营销工作的核心，模式的好与坏会直接决定市场运营的成败，因此模式的顶层设计至关重要，医药行业的业务模式设计可以参照笔者曾发表的《系统管理顶层设计》的内容进行思考，在此不多叙述。

第四步，差别测试法则。

差别测试是指不同品类或相同品类在不同层次的市场或不同地域的市场的测试方法，这是产品渠道选择之前必须要做的一件重要工作，只有分产品、分地区、分层次进行试点才能有机会进行全面复制和全面推广，否则盲目铺开就如赌场赌博，断不可取。由于国内市场地区性差异较大，南北用药习惯也有很大的差别，因此不同市场的测试工作将涉及到公司产品未来的市场战略，建议一个品类要有 2～5 个市场进行测试，将可复制的共性找出，去除极差别市场的特殊性问题，重新梳理流程和管理制度后测试问题可告一段落。

第五步，定向渠道法则。

品类投放的初期建议要采取重点 1～2 个定向渠道，不要多点渠道开花，集中度不高并且耗费人力物力，销售已经在相应的渠道稳定后可以再向其他渠道拓展，定向渠道可以保证产品在销售过程中的竞争力，如果能在特定渠道中做到排他性销售，这将成为产品品牌飞跃的一个高速通道。医药行业类似于修正的直供终端，东阿阿胶的 KA 连锁发展，都是不同的定向渠道选择。

第六步，集中传播法则。

品类的传播是一个要求很高的工作，有时需要专业机构的参与，尤其在策划品类传播投放的初期，产品的诉求和表现手法非常重要，同时需要保证传播中有 3 个集中：一是人群集中；二是诉求集中；三是投放强度集中，这是产品提高知名度非常有效的手段。当今传统媒体碎片化严重，但集合度高的媒体依然有着不可替代的作用，例如：《中国好声音》《爸爸去哪儿》等节目，这些 OTC 产品可以通过大众媒体传播，但处方药只能靠医师或药师推荐，因此在推广传播途径狭窄的情况下，只能聚焦不同的板块或特定层次进行传播。

第七步，助销联推法则。

助销联推就是在渠道稳定、战略清晰的基础上，需要“地面部队”进行终端拉动和顾客教育活动，无论你采取的是代理制度还是自建队伍制度，都应该以产品的渗透教育为基本工作，当前的市场消费是教育出来的，无论是线上广告还是线下推广，教育成本都在逐年提高，那么我们如果聚焦到一个品类，进行系统化、科学化的传播还是会获得非常好的效果，因此一个企业能够创造产品仅仅是基础，能不能创造市场才是企业发展的核心要素。

最后，品类品牌的打造绝不仅仅是一个单一或孤立的市场策略就能够解决的问题，它是一系列市场管理与科学规划在一起的营销行为，品类品牌的打造将成为未来企业竞争的基础，企业从产品组合到优势品类，再到大单品带动产品群是一个交互更替的过程，但这一切都起源于消费者对产品的认知和企业对市场发展脉搏的把握。

第四节　新时期医药营销创新模式的逻辑

说到医药行业的营销创新模式，实际上并不是一个新的话题。随着国家医疗改革的推进以及“两票制”等政策的落地，医药行业各种营销改革的话题不断，说到改革的本质，无非就是如何让自己的销售组织更加接近现实的市场逻辑而已。

医药行业有很多过去做得优秀的企业，有处方模式销售比较好的恒瑞、步长等企业，在 OTC 销售上比较突出的修正、仁和、葵花等企业，但未来的企业是不是还能够像过去一样高速发展？这是一个值得思考的问题。当医药营销之路日渐崎岖，当行业政策越来越多地改变营销环境的时候，未来，我们如何把握？当过去的经验已经失灵，当营销的渠道开始步入碎片化时代，我们过去的组织模式已经不能适应新时期的营销环境的时候，模式创新又一次被推上了企业风口浪尖，如何进行模式创新，什么样的模式又是有希望的模式呢？今天的创新对于多数企业来讲属于被动的，只有少数企业是适应时代发展并一直不断地进行创新发展。

从经验上来谈，企业的创新往往是从上到下的“一把手”工程，很多企业由于过去的成功，从高层管理人员到中层的管理干部都停留在过去的成功经验当中，企业的发展是内部“生态环境”管理的一个过程，其中最主要的是针对市场情况进行不断地机制变革，让自身的“生态环境”适应整个行业或社会大的生态环境。从医药行业2016年的整体行业环境来看，未来医药行业营销发展将会竞争更加激烈，无论是从研发基础，品类选择还是营销模式的搭建方面，都会对企业发展提出巨大的挑战，新环境下我们认为创新的基础应该遵循以下几个方面。

一、创新的不是方法而是思维

提到方法论，只要是做过营销管理工作的都并不陌生，在医药行业由于销售渠道和终端非常局限，因此在销售管理的过程当中实际的工作强度并不大。为了研究有效的营销手段和方法，笔者在三年前就开始关注快消、微营销、直销和会销等业态的发展，并进入不同的体系进行深度调研，我们发现在医药行业中尤其是OTC终端的操作上，往往是“促销过度而管理不足”，使很多企业陷入了“促销依赖症”的困境当中。即使这样，医药的销售对比于快消等其他行业的终端工作来讲，终端的管理强度仍然还差很多，也就是说，医药营销行业过去的好日子太多了，致使大家在遇到环境变化的同时感到了很多的不适应。

每年都有人喊“狼来了”，每年都说改革步入“深水区”等话题，医药营销不断地在各种大小论坛中被推到前台。如果大家在其他行业的营销领域体验过就会对营销有一个共同的认识，就是“难”，不难的就不是营销。然而，在医药行业中由于普通顾客对用药知识的匮乏，同时销售多数依赖医师、药师对产品进行推荐，因此，医药行业的营销就有了自己独特的方式和方法。这种方法以医院医生处方（半强制）和药店推荐（专业建议）为主，尤其是院内销售的方式，药品在推荐过程中往往带着一些利益驱动，这也是我们所诟病的地方，那么以权威医生的身份对相对弱势的患者人群进行产品推广，本身就不是真正的市场化营销，因此我们可以导出一个概念，对于角色不平等的群体进行产品推荐的活动是非暴力强制性购买，而绝不是真正的市场化营销。我们再看看OTC产品的销售，是相对市场化的销售，但药品毕竟不同于快消品，药品是有毒性的，不是糖果和饼干，所以纯粹以快消的方式进行推广活动也一定不是药品销售的本质。事实证明，以纯既得利益方式进行的销售对于顾客和产品本身的伤害都是很大的，因此，我们可以看到，仅仅交出利益的营销手段是没有灵魂的销售方法，很多产品在利益驱动下初期发展得很快，然后为了扩大产品的销售，在公司制定的指标压力下和市场销售利益驱动下，产品就成了包治百病的神药，无选择性促销，治疗多病种，拓展适应证等就成了很多公司的常规促销手段，结果我们看到的就是产品渐渐被顾客遗弃，由于对产品承诺的多，顾客的满意度相对就会降低，这是正常的逻辑规律。

其实在医药行业终端营销用的方法在其他的行业早就用过，因此谈到销售方法的创新的确非常勉强。新的医药发展环境，给大家带来的显然不仅仅是新技术的应用，还考验着企业的学习和创新能力，由于今天医药营销面临的是信息化和数据化时代，这和以往任何一次市场环境变化都不同。因此，企业领导团队的学习能力变得越来越重要，新技术的应用已经改变了传统的一些营销方法，数据化的管理已经成为我们医药营销传统方法转型的一个必经之路，医药专业化之路比以往任何时候都变得重要。同时，让我们回顾国家对医药行业的治理过程，虽然在具体落实的一些改革环节还需要改进完善，但大的方向一定是有意义的。在这次行业变革的大潮中，“淘汰”将成为医药行业在这个时期的一种常态，合规运营成为医药营销的基本准入法则。

创新的不是方法而是思维，以前笔者写过一篇文章《企业的隐性价值》，其中有一个隐性价值是企业的决策价值，这已经可以充分体现在营销创新中企业决策层起到的关键作用。很多企业总在喊改革创新，然而真正需要创新的是企业领导的思维，企业管理中从上而下的创新管理总是带有主动性质的，企业创新是由市场开始自下而上的，总带有一些被动的性质，我们谁都不可能做到行业发展的先知先觉者，但企业领导者的决策能力和管理风格一直都在接受着考验，企业领导的决策思维关乎一个企业的发展命运。

经过前些年的行业高速发展，有些企业已经习惯了按照业绩任务模型来做发展目标的习惯，高增长成为一种惯性，高速发展是每个企业家和管理者都希望的，然而我们不排除很多企业在高速发展的同时，背后隐藏着巨大的风险隐患。笔者经常讲："资金决定企业做大，人才决定企业做强，但只有良好的机制和管理系统才能让企业做长。"企业创新的关键点往往在于机制，机制的创新最根本的就是领导思维的转变，领导思维决定了机制的构成，机制的构成决定了企业的效率，未来高速发展的企业一定是将机制调整到最佳状态的企业。

二、从营销手段创新到营销技术发展

专业化一直是营销领域中常胜不败的要件，从学术专业化到促销专业化，从推广专业化到话术专业化，很明显这一系列需要营销手段到技术的升级。专业化也不是现在才有的新名词，只不过现在医药行业的发展更需要大量专业化的运作，同时也需要大量专业化人才的培养，这一点我们应该不折不扣地向外企学习，国内的很多医药企业还是停留在"人治"的阶段，很多的业务流程是按照权利平衡来设置的，而并没有真正按照市场的发展情况来思考，于是造成很多业务人员在回公司做沟通的时候，沟通的成本甚至比跟客户沟通的成本还高，从而造成管理链条冗长和贻误市场时机。

拿医药零售促销销售手段来讲，以往我们应用的POP单页，现在有一部分被微传播所替代，柜台销售的推广也从过去按进货或者库存统计到今天的直接用终端数据流量统计，信息化给整个行业都带来了极大的便利性，不过也给很多企业带来一些困扰。例如：信息化建设过程中一定会打破过去建立的传统运行模式，这种打破往往也会带着痛苦；再有，有些企业发现线下传播效果不好，就转到线上传播，结果发现线上传播的效果也并不好，到底用什么办法？在互联网从不同角度都往医药行业渗透的时候，企业的取舍往往显得重要，是不是医药行业也要马上进行"互联网＋"？根据互联网发展的规律来看，笔者认为医药互联网在2017～2018年这两年一定是大幅度淘汰的时间，医药互联网一定是"资本＋专业技术＋运营模式＋线下资源"的平台，只要其中一条自己认为都不成熟，建议企业还是琢磨自己的强项，哪怕在其中的一个环节能够做好都可以，其他的去找合伙人合作吧，这些问题都值得企业做系统的思考。这个时期企业需要对扩展的业务板块做取舍，同时要对公司已经确定下来的业务发展方向做加法，企业需要保证有1～2个核心竞争力的板块在运营，也许是专业化院内推广，也许是OTC产品的专业化运作，或者是切入到专业化合作平台的打造。总之未来几年作为医药企业，需要不断地完善自己的核心竞争力，没有核心竞争力的企业或将被市场淘汰，或将接受并购。

说到营销技术，我们不能抽象地理解它，营销技术目前越来越重要，它贯穿着营销活动的每一个环节，我们从产品推广和商务谈判两个角度来看。产品的推广过去在“全媒体时代”只要找准卖点，提炼好诉求，再加上一定的广告量，足可以让自己的产品在一定的区域有好的销售，然而进入到媒体碎片化的今天，只用传统的方法显然是行不通的，我们先不提所谓的“精准传播”，在未来的传播策略上很多产品要开始从品类进行分化研究，从用户心理开始研究，价格带研究，推广策略的实施，临场推广标准话术等，都需要系统考虑。可以说过去有很多企业也是这样做的，但是未来，更多的企业必须这样做，否则连胜利的机会都没有。好在我们现在可以利用大数据，可以做各种数据模型分析，根据数据分析的结果来做市场营销决策，要比过去容易得多。过去我们做促销仅仅停留在发发单页，讲讲产品的简单流程中，导入营销技术后，一定是从“问，听，答，转”中进行系统化营销，也就是说，与顾客接触，通过几个标准问询迅速判断，他是不是你的主要目标人群，然后听他讲自己的情况，我们马上利用标准话术进行回复，排除顾虑，再采取有效促单办法对适用于我们产品的顾客进行最后成交动作，这就是营销在促销中的技术应用。近期很多企业邀请笔者去做实战类的系统培训，从需求量来看，这也是目前企业在加强分销和终端管理的一个集中体现。

说到谈判，过去我们都是从几个基本简单的处理异议和报价策略中获得的一些谈判话术，现在我们面临的环境有所不同，竞争的压力也不断增加，我们需要商务人员掌握更多的谈判技能，也就是在谈判中的沟通技术。例如：通过简单的肢体语言如何判断对方对合作的想法；面对对方打压式谈判时，我们通过几个步骤来解决；如何在谈判过程中把对方思路构建到自己的逻辑里面来；这些技能都对我们现在的商务人员提出了更高的要求，在微信和网络信息发达的今天，传统的面对面沟通技能显得更重要了。

三、从组织改革到营销机制创新

企业在整个营销发展过程中，总是伴随着营销组织的调整和改革展开的，以使企业的营销体系适应市场的发展。我们讨论组织，到底应该用什么样的组织来面对目前的营销环境？我们的营销体系很完善，为什么还是销售乏力？很多企业也与笔者探讨过此类的话题，笔者近些年不断在尝试着深入研究各种营销模式，包括医药营销之外的快消、会销、直销和微电营销，通过几年不同层次的深入实践和学习，回过头再看医药行业，我们的营销手段和模式相对来讲还是比较简单和容易的。其实，任何一种营销模式在不同的企业中都有成功者，也有失败者。模式的发展问题最关键因素有六个方面内容：①市场发展阶段；②企业成长现状；③渠道推广策略；④目标客户构成；⑤产品品类特点；⑥企业资金计划。

医药行业的模式发展，从目前来看，一定要走专业化推广之路，以贿赂式的推广销售一定是必死无疑。2017～2018 年国家已经落实诸多的医药法规细则，医药行业的健康发展的大方向是不容置疑的，在现今政策的引导下，医药营销的模式也一定带来很大的冲击，下面就现阶段几种模式的优劣做些简要分析。

1. 自营模式（图 1-1）

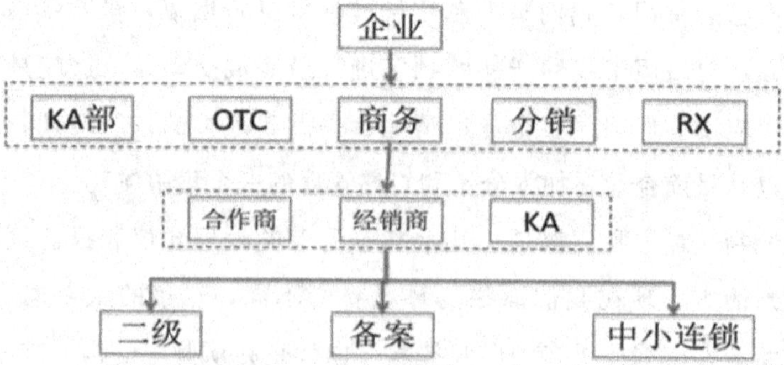

图 1-1　自营模式

自营模式是比较常见的营销管理模式，通过自己建队伍，实现各个层级的管理和执行，通过总体的预算制，来控制支出和投入计划。纯粹的自营模式在国有企业中应用较多，自营模式的优点在于忠诚度比较高，控制力相对较强，初期的执行能力较快等特点。缺点是自营模式在市场发展相对稳定过后，各个层级之间信息传递速度较慢，决策反应迟缓，工作效率低下，吃大锅饭等问题。

自营模式比较适合资金回笼良好，有一定市场基础的企业，对于中小企业来讲，自营模式的财务成本比较高，一般中小企业采取的模式都是代理，稍有些规模的企业一般采用的是直营加招商的模式。

2. 控销模式（图 1-2）

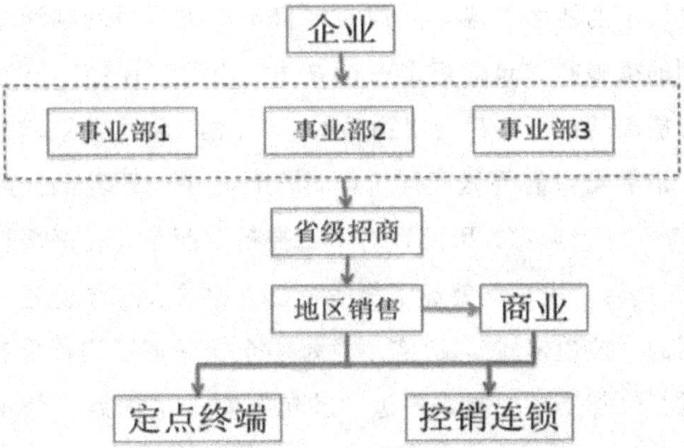

图 1-2　控销模式

控销模式在医药行业近两年被很多企业所关注，也被一些咨询公司将概念进行爆炒，其实“控销”不能算作一种模式，这仅仅是销售过程中我们使用的一种方法而已。在这里要谈谈“控销”的核心内容。医药企业和笔者所了解的快消企业一样，都会在发展过程中遇到串货、终端比价、促销竞争等问题，当企业进入全渠道时代，也就是说自己的产品无论是市场成熟度还是品牌知名度到了一定程度，市场对产品的需求相对稳定，由于是旺销产品（也叫聚客类产品），市场商业公司的竞争和终端的竞争都会存在。先说商业公司，商业公司无论是一级商还是二级商业，往往面临的终端有一部分都是重合的，零售终端在从商业公司进货的时候主要考虑的因素是价格、配送速度，现在也有一部分会考虑授权资信等问题，因此价格是市场最核心的问题，商业公司如果能够有额外的政策，很明显就会有销售的成本优势。商业和商业之间都需要终端的采购，因此商业和商业之间的竞争往往也存在着相互压价的行为，这种行为一旦没有管理就会在市场上产生无序的状态，因此渠道控制就成了很多企业在发展过程中的改革目标。往下再到终端，医药的终端分成医疗终端和零售终端，由于医疗终端不是纯市场化的终端，因此我们只说零售终端。零售终端之间的竞争也存在价格竞争，消费者对一些产品的价格敏感度越高，终端药房就越要从价格上做文章，因此，终端的控价成为企业的最头痛的问题。零售终端往往为了获得更多的客源，将聚客类产品低价甚至是亏本销售，这给产品的零售市场造成了严重的价格冲击，为了给零售终端留有一定的利润空间又防止其他零售终端和本店竞争，企业开始将一部分产品专供给特定的零售终端，并规定零售价，将获得的利润分配给各个层级，这一系列的措施归结起来都是一种方法。由于“控销”能够保障各级利润，因此各个层级的执行力都会得到动员。“控销”对品类要求较高，或者有品牌或者是旺销品类，需要做不同价格带设计，中药西药的产品组合，每个组合产品以 25～30 个为宜，因此，对于“控销”而言，在医药行业对终端动销一筹莫展的时候，“控销”就成了很多企业争相试水的方法之一。

那么所谓的“控销模式”，其实不是每一个企业都适用，再有，每个企业的“控销模式”也都不尽相同。不过“控销”有几个优点是值得一说的：第一，在稳定价格的基础上，对终端产品动销的能力大大提升；第二，“控销”能够让基层员工更加有积极性，对于终端的开发速度更快。那么“控销”也会带来一些问题。第一，由于“控销”队伍多数都是以事业合作制为主，因此终端的逐利特征明显，过度的逐利会对品牌造成一定程度的伤害；第二，“控销”往往需要大量的产品组合，许多公司会通过 OEM 或者并购企业进行品类扩张，低成本的要求也越来越高，低成本虽然不等于是低品质，从目前市场的反馈来看，的确有些公司 OEM 的产品质量和自己本厂生产的质量有差别，这对企业长期发展也会埋下一些隐患；第三，国家进行医改以来，对于医药流通渠道的管理也会对过去层级拿货制度的“控销”体系造成影响，原来的“控销”体系需要彻底改造，或者并入企业或者并入商业公司或者成立 CSO 推广公司。

3. 商销模式（图 1-3）

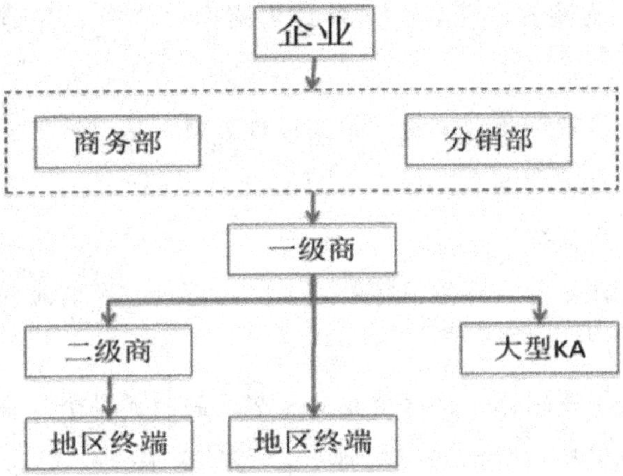

图 1-3　商销模式

商销模式是很多企业销售体系中的一个板块，这个板块销售额较大，主要是通过商业公司进行销售，也是过去经常讲的“快批”模式，这类企业是以品牌药、低价药、常用药产品的销售为主。我们可以看到纯粹以商业渠道销售的企业，目前面临着两大问题：第一，渠道驱动明显乏力，这是由全渠道时代向全终端时代过渡的产物；第二，由于利润薄，没有更多的费用来做终端工作，驱动力单一，面临市场被替换的风险。这类企业也是未来国内医药改革中容易被淘汰的企业。

4. 精细化招商模式（图 1-4）

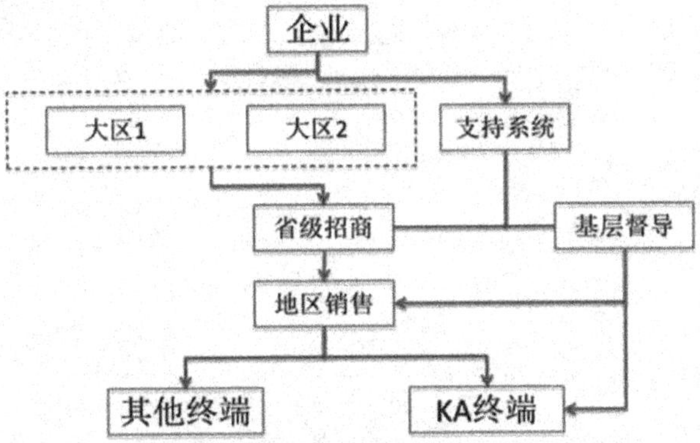

图 1-4　精细化招商模式

精细化招商模式是目前中小企业应用最多的模式，尤其是处方药企业，全国大约有 80％的药企采取招商代理模式，老的招商模式主要是简单的代理制，加上一定的市场保护和任务目标组成。随着代理招商的发展，企业对于代理商的管理显得更重要了，那么精细化招商模式主要在哪几个方面“精细”呢？

（1）招商地区精细化，要想把招商代理做好，从过去的省区招商，越来越细化到地区甚至是具体销售终端（医院、KA 药店）。

（2）管理流程精细化，过去我们从一手钱一手货的代理销售模式开始要对经销商进行管理，包括开发目标管理，库存管理、拜访流程管理和销售行为等一体化的管理。

（3）推广支持精细化，这对企业的成本控制明显是个考验，但我们意识到，仅仅靠底价供应代理商进行的推广，代理商往往追求自己的利润目标，品类好的产品代理商容易做大，但公司对管理权也容易失控，同时区域代理商一般不会有长期打算，对公司的稳定发展容易造成影响。

（4）数据管理精细化，在招商代理的模式中，数据管理一直是个比较大的问题，由于很多代理商有自己的终端团队，所以企业和团队员工之间一般处于绝缘状态，虽然货物流向可以采集，但一般比较粗放，企业需要提供给终端代理商一个比较实用方便的数据管理平台，便于代理商的销售分析和数据管理。

5. 混合模式（图 1-5）

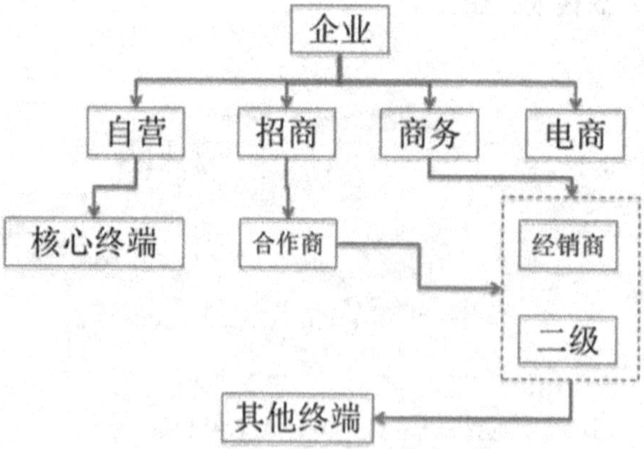

图 1-5 混合模式

混合模式是现有医药行业多数企业都存在的模式之一，采用这种模式经营的一般都属于中型企业。这种模式需要企业能够专注于某一个渠道然后聚焦发力，同时需要在品类规划上做好前期的设计工作，第一是要防止各个渠道的产品冲突；第二是防止产品在市场上产生同位竞争。

这种模式对总部的管理能力要求很高。由于小的企业主要的发展因素是能力和效率，大的企业主要发展因素是体系和制度，因此需要根据企业具体情况建立相对完善的配套体系。在医药行业专业化推广大趋势下，普通的招商模式也进入瓶颈期，渠道的推广方式也需要发生变化，临床学术推广和零售学术推广会成为医药营销模式转变的主流，模式的变化很简单，难的是管理思维和工作方式的转变。

6. 平台模式（图 1-6）

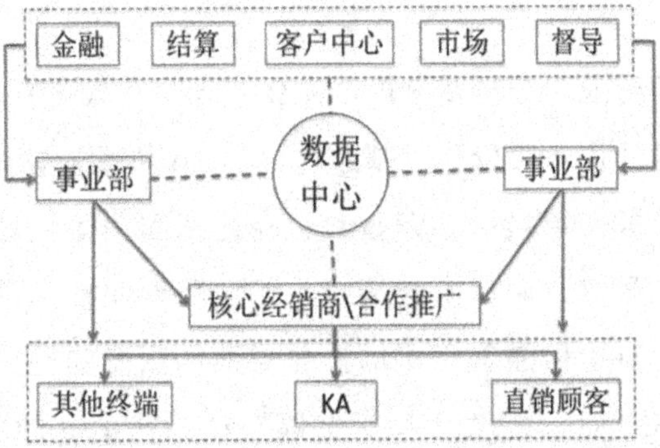

图 1-6 平台模式

在这里需要重点介绍一下平台模式。说到平台，目前很多企业其实已经开始向这个方向发展，并取得了一定的成绩。随着互联网对医药行业的渗透，医药行业的营销发展也发生着变化，由于数据化营销是未来的必然方向，同时由于行业的雇佣关系也在发生着不断的变化，近些年，有能力、有资源的职业人也在朝着“职业合伙人”的方向转变，因此企业的营销平台化发展已经成为一种趋势。

为保证平台化的发展，建议企业在平台事业部门建立三级管理体系：第一层是核心层，这一层大家是命运共同体；第二层是管理层，这一层是事业共同体；第三层是执行层，这一层是利益共同体。

第二章　百家争鸣中的品牌发展之路

第一节　医药厮杀大健康领域的成败思考

近些年，医药行业跟随行政制度之变化，无论在处方板块还是 OTC 板块都受到前所未有的冲击，底价代理制的尴尬，KA 终端连锁高毛利的平衡，都让工业企业在行业的变革当中如背重负。在此期间关于大健康的概念在医药行业中风起云涌，虽然方向越来越清晰，但医药行业在大健康的成功路径探索并没有停止，同时也伴随着很多的操作层面的困惑和疑虑，今天笔者从一个医药人的角度依据自己连续几年对健康领域和快消品的研究做一些总结，主要针对保健食品品类给医药行业涉入此领域的企业做一个参考。

医药行业进入大健康板块并不是新鲜事物，从几千年前的中医治未病，到前些年的大保健时代，历史总是阴阳消长，日月更替，从补血、补钙再到补肾产品，国内的健康保健产业就像潮水般交替涨退，但是今天草莽为王的时代早已远去，我们只能从自身的优势开始，进行系统的布局和运作。医药行业有着质量和研发优势，很多医药企业都有很好的研发团队和质量管理体系，显然医药企业的产品质量控制和普通的保健品食品企业是有一定差别的，质量是市场价值核心，因此医药行业进入健康产品领域几乎没有技术壁垒。不过，在品类上，由于近些年国外的膳食补充剂和健康保健食品层出不穷，也给潜在进入大健康的企业带来了一定的障碍。同时，医药行业有着品牌与市场优势，一些医药企业经过多年的经营已经有一定的品牌基础，例如：天士力、东阿阿胶、云南白药等企业进入健康板块可以按照品牌属性进行强弱背书的选择，同时医药行业固有的渠道和终端资源也会在企业进入健康板块的时候如鱼得水。其次，医药行业的市场部门更多引入专业科班出身的人才，因此在产品的功能和作用机制上更加专业，能更清晰地表述产品内涵，更有一些主要以院线产品为主的企业利用医院的推广网络将健康产品导入，例如韩美收购圣元奶粉，希望在妈咪爱的营销网络中加推婴幼儿奶粉就是很好的例证。

虽然很多企业未雨绸缪开始布局大健康板块，但很多大健康的布局，仅以“布局”为核心，并未入道立根，别人做水你也跟着做水，别人卖补肾产品你也跟着卖，依笔者看来无非是舍本逐末罢了，无根之水，很难长久。那么一个以医药为根本的企业涉入大健康板块需要有三点基本认识。

一、正确的零售思维方法

大健康有着广义概念和狭义概念之分，广义概念包括了日常健康管理、健康器械、美容美体、养生膳食等；而狭义概念的大健康往往指依靠医药和医疗资源的药品、护理、康复、疾病管理等，企业需要根据自身的优势进行系统的思考，起初导入时期一定要专注地切入某一个板块，例如强生专注在儿童护理和妇女用品领域，葛兰素史克公司专注在口腔护理领域。同时要从大健康板块的若干模式中选出或创造出可发展的基本市场运营模式。我们需要思考的是用什么样的产品，从什么领域去做大健康板块，如果还没有想清楚这个问题，那么还是建议谋定而后动为妥。尤其以处方药为主的企业，更需要在顶层设计中预先搭建相应的市场体系，转变处方药低调运营的习惯和市场传播投入的惯性思维，由于以处方药为主的企业和OTC品牌企业在市场的投入产出评估方法上有着很大的差别，因此，笔者一再提及处方药进入大健康板块首先需要转变固有的思维。

二、品牌与品类的关系

在准备进入大健康板块之前，我们往往看到很多企业进入的盲目性，尤其品牌企业，经常会将自己现有的品牌广泛地背书给旗下产品，由于我们很多传统企业一直还保留着伞状结构的品牌管理体系，因此市场投入的过程中有些产品带来的品牌稀释也会在所难免，更有甚者会影响到品牌本身的文化传承。在目前品类繁多，市场全品类竞争的时代，要想在市场获得回报，第一项就是做市场现有品类的调研。我们知道当前市场上最大的健康品类，主要集中在老年健康、慢性病调理、补钙、益肾、美颜等几个大的板块，那么我们应该从品类市场表现、营销渠道、产品消费基础人群、消费趋势数据等进行相对深入的研究，才能正确把握市场脉搏。提前思考建立和同类主要产品的市场关系，品类品牌的打造对于大健康产品来讲就更为重要。如今，从家用的医疗器械穿戴设备到日常的保健食品再到快速消费食品等，笔者调查了行业里几十家涉及健康产业的产品，其市场情况并不都是乐观的。那么，一个医药企业如果涉及到大健康领域其“品类占位”显然是关键性问题，虽然品牌可以助推产品在市场的落地，但是并不是企业现有的品牌可以支撑一切产品品类，品类应该遵循“先占位后定位再品牌化”的过程。那么对于非品牌的处方药企业，品类的选择就更为重要。笔者早提出，医药行业未来是“品类品牌化”，这一定是发展的大趋势，那么一个企业选择什么样的产品，用什么样的诉求击穿客户的价值体系，形成稳定的价值等式就是大健康产品的终极目标，如果说顾客主动购买是OTC产品的销售根本，那么如何让客户重复购买并传播就是大健康产品的销售根本。由于受篇幅限制并不能将品类分析及细化管理过程一一论述，仅提供以下思维图解做些参考：

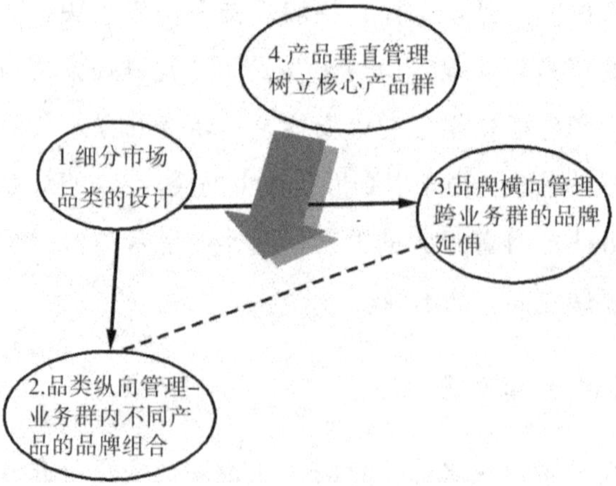

三、运营模式和管理模式的问题

大健康品类的丰富性也决定了其渠道模式开发的复杂性，相对于医药行业销售模式的狭窄而言，大健康的销售模式可谓百家争鸣，其营销手段变化无穷，从直销到团购，从网上购物再到会议营销以及社区推广模式都是药品销售难以企及的，传播渠道从终端的推广到电视购物，从互联网炒作到软硬平媒联推亦或电台专栏等也是手段众多。目前，多数医药企业转战到大健康领域，很多企业首先选择的终端渠道是医药行业的KA连锁网络的资源，当然这个资源是做保健产品最好的土壤，例如：药店中占比最大的某保健系列产品。然而如果没有整体布局和非常好的利益链搭建，百强连锁往往也会成为保健产品的墓地。在大健康产品的运营模式中是想造就黄金单品还是做品牌系列产品，这是仁者见仁智者见智的问题，管理模式中是采取招商地区深耕还是自建团队逐级开发也需要看公司的预算和整体规划，因此医药企业要想在大健康产品领域占有一席之地，需要从产品投入和品牌管理再到传播路径以及管理体系搭建等进行全面的筹划，只有不断地提升客户的满意度，不断地提高产品和顾客的契合度，才有制胜的可能。一个产品是不是能获得市场的支持，一定是市场规划在销售之前，为什么做这个产品比做这个产品本身更重要。

第二节　连锁业态发展与OTC工业布局

一、市场变化

1. OCT营销将被更多医药工业重视并布局

（1）基药限价。招投标限制等政府主导的基药市场将进一步严格规范。很多企业因不具备运作基药市场的能力或进入不了基药运作体系，他们的产品就会考虑向OCT营销转化，从而向以OCT渠道为主进行营销运作。

（2）临床用药市场由于政府监测加强，部分产品将转战OCT渠道营销，或者部分产品进行双跨销售，向OCT渠道过渡。特别是一些外资企业、合资企业的成熟产品。近几年外资企业不断收购哪些具有OCT渠道或资源的企业，就是看好我国OCT市场的发展前景，国内国外医药工业通过收购、兼并、重组、重构连连布局OCT大市场。

2. 大健康产品将进一步拓宽放大

（1）我国目前经济发展已经超过了人们的基本物质生活需求阶段，人们不再为吃饱穿暖犯愁，吃好穿好也不再话下。“健康长寿，享受生活”正式成为人们心底新的消费需求，“投资健康”将成为消费主流。这也是社会经济发展过程中的必然。

（2）当然，大健康是个大产业。大健康产品销售渠道不仅仅定留在零售药店，药店只是大健康的一个窗口而已。许多有预见性的企业，已经将产品渗透到其他消费渠道。作为药店，当然不能丢掉这个我们熟悉的地盘，药店要经营大健康市场，得有这些健康产品，只能想办法做大而不是放弃。你不做别的渠道也会做。另外，药食同源的健康饮片、食料、饮料也将进一步成为 OTC 渠道的品类常客，并会不断拓展销售渠道。

3. 连锁药房单品突破将有可能

受连锁药店品类的自我管理影响，医药工业已经适应连锁药房的品类管理，加上连锁药店入场的门槛不低，工业打包产品群进入连锁门店的难度很大。所以，满足连锁品类与利润需求的单品上柜，仍然是医药工业与连锁打交道的主要手段。而为了抵御竞品同柜竞争，最大限度地让利，并联合连锁长期主推，是工商合作的最佳方式。特别是一些独家产品的主推，而 OTC 产品将会在连锁领域出现单品突破的趋势。

4. 药店慢病产品销售占比提高

药店、中医馆、社区服务中心将会把消费者健康管理纳入业务拓展的主攻方向。在此过程中，慢病产品必定被纳入到药店、中医馆、社区服务中心经营的品类结构中，并不断通过售后服务牢牢抓住消费者。过去，很多慢病产品都是处方药，但随着医改政策的不断深化，这类处方药大部分将向 OTC 营销转型，在药房的销售占比会越来越大。

5. 电子 APP 等健康延伸产品将在药店亮相

随着 IT 技术的不断发展，通过手机 APP 等端口接入的各种健康类产品逐步被广大消费者所接受，健康类器械将升级换代，与手机、手环或电脑等连接共享或储存健康档案，甚至远程诊断等科技产品也会不断涌入市场，先之先觉的药房当然不会放过这些产品的引进与推荐。比如血糖监测、血压监测、血脂检测等。

二、企业趋势

1. 两级分化加大，OTC品牌集中度提高

（1）有品牌、有团队的OTC传统强势企业将利用其强大的品牌优势、产品优势、资金优势，通过资本运作，兼并重组一些生产企业或者拓展一些健康产品线，完善自身产品群。通过独家定制品规包装、独家经销的模式与主流连锁零售企业强强合作，牢牢占领OTC渠道的主流市场。

（2）一些中小型医药企业没资金没投资没资源，产品同质化将逐步幕落或兼并。由于生产批文的审批更加严格规范，有独家产品的企业将凭借独家产品放弃利润联合利用主推或被兼并继续生存。

2. 控销模式将在二、三级市场广泛采用

（1）过去，欠缺品牌与资源优势的医药工业面对大型连锁机构时，由于没有话语权，所以会倾向于转战中小连锁和单体药店。但这些药店为了抢占客源容易打价格战。而齐整拥有一定品牌的控销模式，争取赢得中小连锁的单体药店的认可。这类企业为数不少，曾经取得不错的成效，并顺势延伸扩宽产品群，建立了自身的OTC控销体系和控销产品群。

（2）但是，随着一些品牌医药企业近年增长乏力，他们已经觉醒，意识到丢失了二、三级市场的问题，于是又回过头，开始对二、三级市场采用控销模式，这意味着二、三级市场上控销模式的竞争会提高，终端对控销方的要求不断提高。没有品牌优势、产品疗效不佳、产品质量不稳定、售后服务根不上、附加值低的产品将会被淘汰出局。

3. 处方药企业转型进军OTC渠道

受基药限价、招投标受限等政策的影响，处方药企业为规避风险，将加大力度拓宽销售渠道，这些企业会逐步重视忽略的OTC市场。外企会像收购民生、太阳石、滇红一样，通过并收购快速布局中国OTC渠道。

4. OTC产品或将进入涨价潮

（1）医药工业受到新版GMP质量控制的常态化监管，原材料监控将更加严格，飞检也日趋常态化。也就意味着，原材料把控治疗的结果就是成品价格的上涨。同时，控销模式的广泛采用实际上也是消费者重新细分定位的过

程，但渠道细化可能会减少目标消费人群，消费增长的空间短期内扩张不足；控销在人力、财力上的支出增长等方面很可能在短期内难以实现利润的增长。因此，单个产品的涨价也就必然产生。

（2）而且由于GSP经营质量的监控，以及税务控制的影响。药品经营企业无论是经营设备的运转，还是经营过程中税务监管，都很可能会增加运营成本。羊毛出自羊身上，最终还是会转嫁给消费者，这也是引起药品涨价的另一因素。

5. OTC企业有望加强与消费者互动

以前在药店服务上，旺旺停留在产品促销、产品知识培训。但随着药店经营升级，健康产品的更新，特别是健康产品电子信息的渗透，药店的会员服务将更加具体生动，消费者的健康教育将更加具体细化并落地实施。在这些具体措施的落地过程，将是医药生产企业通过渠道渗透到消费者的最佳机会，这些企业依靠现代的信息技术将可以直接与消费者实现沟通和互动。

6. 基层健康服务体系迅速扩张

随着人们健康意识的增强，消费者更加愿意投入健康消费，健康由过去病后治疗转向预防为先。药房、中医馆、社区服务中心将会员体系消费者健康管理纳入业务拓展范畴，通过健康管理实现持续销售，OTC工业产品当然不会放过这么良好的销售渠道。

第三节　高毛利终端与品牌的较量

“高毛利”原本是零售药店对不同毛利产品的一种叫法，其实在我们传统医疗推广当中，其产品也有类似“高毛利”产品，当处方药以有偿推广的方式进行营销的时候，处方药的毛利空间也能称得上是高毛利。然而，随着医疗政策的落实，医药通过招标议价等一系列关口，开始进入价格普降模式，有些产品的操作空间被空前压缩，处方药的营销本身就不是纯市场化的营销方式，学术营销显然已经成为未来大趋势。学术营销是不是把钱换成了可替代的利益？国内企业如何做好学术营销？医生的补偿机制如何实现？这一系列问题已经成为行业共同关心的话题，在此我们不对处方药营销做太多的探讨，还是以纯市场化的零售药品为主线来探讨高毛利产品与品牌企业的终端问题。

“赚钱的产品不好卖，好卖的产品不赚钱”，这是医药零售终端和中间商一直困惑的话题。前些年，由于各地医药零售药店连锁的不断崛起，药店管理也开始进入了科学化管理阶段，品类管理、店面管理、采购管理等技能管理培训也开展的比较火热。另外，近些年由于房租、物业成本的不断提高，药店的生存环境也变得越来越艰难，高毛利产品已经成为药店货架上的“座上宾”。但是大家不要忘记，品牌药是零售终端的“聚客类”产品，当非品牌高毛利产品销售占比达到了一定比例，通常是40%的时候，那么顾客流会减少，这是不争的事实，越是发达地区越明显。因为保健意识的提高和顾客对基本用药知识的了解，产品的质量和疗效成为顾客首先关注的因素。那么在无法判断药品质量的时候，品牌就成为了质量背书的重要标志。随着媒体传播的碎片化，品牌将会成为行业中的稀缺资源，品牌高毛利时代已经到来。品牌企业如何平衡品牌维护费用和终端利润是需要从营销模式上做突破的，随着大健康产品的市场不断扩大，未来药房的辅助治疗（功能性）食品会越来越多，在国内以中药为主的保健类产品会持续占有较大份额，药房开始逐渐分化成专业化药房和多样化药房，未来治疗性药品的同品类随着竞争的加剧会逐渐减少，优质品类和特效品类会成为最后的赢家，品类品牌化是医药营销的关键。

零售终端的高毛利产品会持续存在，但高毛利产品最大的弱点也注定了它在此品类发展中呈现弱势的市场地位，尽管终端把它列为首推产品，在一部分终端药房销售也会有一定的增量，但是由于终端药房的纯粹逐利行为会导致药品供应商出让更多的利益，因此企业在品牌构建、终端服务上会大打折扣。这种终端优势往往是一时的，它适合终端药房的单方面利益，因此这种情况虽然会持续存在，但作为制药工业也许是无奈之举。

因为高毛利产品基本都是此品类中品牌产品的替代品，也就是说高毛利产品一般都是畅销产品的替代品，它符合商业价值最大化的规律但不符合顾客价值逻辑，因此用商业逻辑来博弈顾客价值往往商家要自食其果。但是高毛利产品又是零售终端的有力补充，因此，零售终端需要在高毛利产品和品牌产品之间做相应的平衡。成熟的品牌企业，现在也在为药房终端提供定制化服务，提供一线产品和二线产品的利润捆绑销售、单独品规供应策略等。

可以断定“品牌＋利润＋推广”的模式会成为近些年主要的终端操作方法，在零售终端推广的组织上则是“直营＋CSO”的模式会成为销售组织的主流，笔者在前面已经讲过平台化发展的思路，在这里不再叙述。

第四节　用“占位”法则来面对医药营销困境

未来3年内国内传统管理模式的医药企业会遭遇集体困境，笔者认为这是医药行业发展的必然，随着国家两“两票制”的落地和金税三期的不断推进，医药行业在传统销售的过程中一定会遭遇前所未有的挑战，出路在哪里?下面根据笔者提出的“占位”法则给企业发展提供一个发展的思维脉络。

一、“占位”法则

由于药品是标准产品，我们不能用全市场化的营销思路去思考。由于品类限制和规范性审批药品的功能与主治等原因，产品的功能定位已经在市场上基本确立，标准化产品的营销逻辑和快消产品有着本质的差别，也就是说药品的产品属性不需要再去定位，要做的只有品牌区隔、市场区隔和动销手段等基本措施了。另外，药品的品类已经在终端进入饱和状态，随着行业政策的落地和淘汰机制，品类重复比率在未来会大幅降低，这需要至少5年的过渡时期。每一个品类到底如何在市场生存就成了现阶段首要的问题，要想生存，我们要找到自己生存的土壤和位置，即在哪个版块生存，在什么层次的市场生存，聚焦哪一类病种生存，这就是“占位”思维，因此“占位”一定是我们这个行业营销发展的关键性因素。由于目前国内重复性批文非常多，那么企业如何能够以“占位”法则来思考将非常重要，我们一定要认识到，目前不仅仅是谋发展，更要懂得扩大存量问题。这一方法在笔者《品类品牌化之路》一文中也略有提及，“占位”法则包括品类占位、价格带占位、市场占位、区域占位4个基本条件，由于我们已经不再是“饱和广告轰天下，人海大战抢终端”的时代，“占位”的因素开始决定着市场的竞争，只要你能在市场聚焦力量占有一席之地，也就有了生存的立基之本。

二、市场升级导致企业改革

如果你还沉溺于原来成功的模式当中，请你一定要警惕，接下来的市场发展将会面临更大的挑战，“铺货＋促销”的模式已经开始失灵，要明白，我们的终端目前什么都缺就是不缺产品，也就是说“促销过度而管理不足”。无论你认为自己的产品有多好，是独家产品或是疗效确切的组方，都不见得会得到市场的垂青。

医疗市场的“药占比”开始对非治疗性药物进行历史大清场，这场变革受益者一定是专注于某一领域率先“占位”的企业，处方药面临着政策通道和产品技术通道双重优势的竞争环境，零售药品则面临着品类选择和动销模式的大考。医药消费的升级虽然很缓慢，但同类或同效产品的竞争已经达到有史以来最高峰，笔者判断 5 年之后我们将会看到医药行业迎来“百团大战”的局面，即排在前一百名的企业将进入到集体“火拼”的时代，到时没有找到位置，还依然游离在市场边缘的企业将会震仓出局。

这一次的企业营销变革，不仅仅是市场模式的变革，更将是企业内部整体的改变，从财务结算体系到市场支持体系，再到运营保障体系都需要进行联动改变，数据营销将逐步成为企业营销发展的主流，也将营销从促销＋分销的模式更加趋向于场景化和企业 IP 化发展。

三、引爆单品的精准占位

在众多的产品营销中，一般分为 3 种销售引流：第一种是处方带动；第二种是零售推广；第三种是品牌效应。广铺货和渠道压货的方式已经成为强弩之末，以价格折让、促销等手段的销售方式还是停留在产品思维的传统模式当中，当我们真正能从产品品类上找到突破点进行“占位”，并集中火力将产品从弱品做到爆品才是真正的营销思维模式。如何找到该品类的位置或者缝隙进行“占位”呢？还是要关注其他几个因素，也就是说仅仅考虑在一个品类中占位是片面的，我们一定要考虑目前品类当中的主要产品有哪些？我们在此品类当中的机会是大还是小？还有同品类当中的企业对此品类的操作动态分析，根据分析结果来评估市场进入机会以及会面临的主要问题。

选择好品类之后就要考虑进入的时机和进入的价格带设计，很多企业认为自己的产品好、成本高，就设定一个自己想当然的较高市场零售价格，其实高价格也不怕，怕的是你仅仅设立了一个高价格的产品，而没有支撑高价格产品的服务和市场动销体系，这就非常尴尬，这样的问题我们屡见不鲜。因此不能想当然的定价，我们一定要和基层一线市场人员打成一片，吸收一线市场真实的反馈情况，才能做出有效的决策，不能纸上谈兵。

当我们零售终端竞争越激烈的时候产品的价格带管理就越来越重要，我们需要以市场为基准的价格带设计倒推出产品的利润和计算量价盈亏平衡点。价格的设定是产品本身与顾客达成价值等式的基础，不同价格带对于营销的投入和推广模式显然会产生非常大的影响，因此定价不能盲目和想当然，需要按照同类比对原则和投入开发原则来进行整体衡量。

再次就是市场占位，由于在传播碎片化时代，推广试错的概率越来越大，我们现在的传播手段开始不断地汇集在自媒体终端，然而自媒体终端根据个人喜好也会有很多倾向行为的区别。在我们对准一个市场切入点的时候，无论是学术还是传播都应该精准无误，越是竞争激烈的时代，对于市场管理能力的要求就越高，对于系统性管理也要求越高。市场占位需要用 3 个关联思路来思考：第一是我们的客户是谁？有时候我们的客户是医生并不是患者本身，这一定要非常明确；第二是我们通过谁来销售？我们是自己来做还是通过合作实现销售；第三是动销手段是什么？用什么方式推广和销售是营销中最难和最关键的问题。

最后是区域占位，我们是主攻基层还是城市市场？我们是控销零售连锁还是直面第三终端？我们调集什么样的力量来做？我们的资源如何匹配？这些问题都需要进行系统思考。这个时代赋予企业的使命，就是根据现有的市场环境做系统改革，传统只能保存量，要想增量需变革，从销售的思维转变成营销的思维，从促销的概念转变成市场的概念，从销售的方法到销售技术的提升，从流程性思维向系统性思维转变，用开放的心态迎接数据化营销时代的到来！

第三章　系统营销管理中的运营之道

第一节　道——模式的选择

《大学》中说“大学之道，在明明德，在亲民，在止于至善。知止而后有定，定而后能静，静而后能安，安而后能虑，虑而后能得。物有本末，事有终始，知所先后，则近道矣。”然而在今天系统营销中的“道”是要在看清市场规律的本质并建立一套有效的系统运作模式，所有的资源都是为模式服务的。系统运作模式中又有运营模式、管理模式、资本模式之分。

运营模式决定着企业的盈利方法，企业的特点又决定着运营模式的基因，奇怪的现象是无论什么样的运营模式都有很成功的企业，就是说，一种运营模式在不同团队、不同领导的带领下会展现出不同的效果。因此，可以说在日常管理工作中，管理不仅仅是体系的健全和制度的健全，更重要的是管理文化的打造。往往严密的企业制度和企业的发展速度并不是永远成正比的，现实中会发现制度越健全的企业，创新能力也会受到一定的制约。因此文化管理就成了我们企业管理当中的又一个有趣的话题，我把它归结为“隐性价值”，这在下文还会提到。企业文化又直接对管理模式产生深远的影响，由于管理模式直接决定着企业的运营效率，管理模式和运营模式是相辅相成的，管理模式是为运营模式服务的，运营模式又是为企业目标服务的，因此决定着效率的管理模式就成了企业制定战略目标后的首要任务。

是什么决定着管理模式呢？在当代的企业当中，企业文化是直接决定管理模式的重要因素，由于管理模式直接决定企业运营的效率，下面着重探讨一下。

笔者曾做过几个上市公司的高管，对企业的管理体系及文化管理体系做了大量的思考，一些企业资金规模已经做到了几十个亿甚至是上百亿，但是使企业困惑的东西似乎越来越多了，束缚市场发展的因素也越来越多。常见的困惑例如：效率低下、责任推诿、管理混乱，这些问题为什么随着企业的发展不断地壮大却成了限制企业发展的枷锁？它挥之不去，弃之不能。不过历经的公司越多才逐渐的发现企业问题的一些共性，其实多数时候能解决问题的只有一个人，那就是——老板。

重置权利与责任的平衡，企业家艰苦创业大半辈子，创立了初具规模的企业，自己的威信在多年的积累中形成了在企业至高无上的权利，几乎是说一不二，所以员工多数都是看着老板脸色做事，那么老板做事的习惯和性格特点就会慢慢沉淀到企业的各个角落，这就慢慢形成了以老板做事风格为基础，以老板喜好来取舍的企业文化制度。但老板是一个自然人，他一定会有自己的优势，也会存在不足，因此在塑造企业文化的时候老板的优缺点也会慢慢渗透到企业文化当中，在优势得以发展的同时，这种不足会在企业发展过程中逐渐地扩大，有的甚至会发展成为企业的致命伤。

有些企业会引入咨询公司来解决问题，在咨询公司给企业提供了大量的管理文件和方案之后，有的企业在经过一段时间以后，往往又会慢慢回归于原状或重蹈覆辙，但在这个过程中的确有了些新的制度加入，不过该有的问题似乎并没有得到彻底的解决，原因是别人能改变你的制度但是不能改变你固有的企业文化和多年沉淀下来的约定俗成的潜规则，这也是咨询公司多数都不愿对结果负责的原因。

再谈谈管理中的放权对运营模式的影响，放权不仅仅是一种信任，更是一种责任，放权不仅仅是把权利下放给部下，更要有完善的考评和监督体制来配合，只有在有效的监督下放权才是放权，否则就是弃权。人和人之间的信任是很难建立起来的，何况企业面对着许许多多的员工呢！每个企业的成功机会都经过无数次的欺骗和困难，因此放权和信任就成了企业管理结构中重要的问题。

如何有效放权其实是现代企业管理的一个重要话题，那么如何才能有效放权管理呢？

（1）在监督的前提下受权给专业性更强的人，因为自己脱离市场很多年，公司需要找一个专业性更强的人来做管理，尤其是营销管理部门，因营销是为企业唯一产生利润的部门，找专业的人来做专业的事永远都不会错。

（2）威信授权至关重要，一些企业只把人事和规定内的财务权利下放了，领导还经常越级授权，这种放权最终会失败，越级授权往往会让下属和老板建立直接权利通道，而中间的管理者却在下属面前失去了威信，没有威信的管理者是不可能做出让大家感觉有威信的事情的。老板要遵循的原则就是可以越级沟通，但决不能越级授权和越级下达指令，涉及哪个部门时需要进行权利转移。

（3）建立动态考核监督系统，针对各部门的考评不能流于形式，一定要进行动态化管理，可采360考评体系和业务体系的KPI考核，定期要求各级主管进行述职，建立内部层级晋升和降职的动态管理机制，让员工始终有激励目标。

资本模式决定着企业的规模，在互联网快速发展的今天，资本再一次爆发出它的威力，用资本模式驾驭梦想，是很多企业的现实想法，但资本是企业的双刃剑，经营好必然会扩大规模增速发展，经营不好对于有的企业将会是灭顶之灾。一个企业需要解决发展目标的认定问题，一个企业成长是把他当“儿子”养还是“闺女”养，当儿子养需要不断盘大各种资源，还需要有资本运营能力，当闺女养就需要把企业经营得规范，最后可以出让股份甚至是控股权。

管理的本质是人的因素，人的因素也是企业管理中最不稳定的因素，因此可以看到非常多的案例都是因为人的问题最终出现了管理上的纰漏，上面说的授权关乎于信任和被信任主体之间的平衡。中国早有《周易》《五行》，其中最重要的道理无外乎就是平衡，管理也需要这样内外平衡、上下平衡、资源平衡和心态平衡。管理最难的并不是行为的约束而是人心的满足，然而每个人的欲望使然又会有不同的利益需求，因此管理显然要从系统的方向从行为到心理的立体干预和引导，因此一个企业不仅仅要有制度和体系，更要有完善的训练系统，培训仅是其中一个方面，而更多的是从企业核心层的言传身教中传导出的团队文化，管理的氛围搭建和员工的欲望经营显然成为我们作为营销管理的最高目标。

第二节　根——产品为基石

所有营销的根源皆来自于产品，产品是“根”，是企业的生命线，企业产品的定位也决定着企业的品牌水准，一个企业如何立根，在信息化时代早已经从传统的营销中变得个性化起来，个性化是这个时代赋予的崭新符号。传播渠道的多样化和碎片化也是产品营销的新思考，如果现在我们还用传统的产品思维来思考市场，这必将是危险的。我们习惯于从大众熟悉和销售比较好的产品中找出我们产品的定位，然后不断打磨，不断提升质量，不断将产品深入开发，这也许是对的。最重要的是我们没办法确认定义是错的，因为聚焦，因为我们做精品，这万万不会错的。但在今天的市场上我们却看到了曾经热卖的产品不断的销声匿迹，到底是企业错了，还是产品错了？

信息化条件下的市场经济，品牌的轮动也会不断加快，我们突然发现消费者的忠诚度在不断下降，这其中有什么规律吗？我们不得不承认，繁荣的市场，给消费者带来了更多的欲望刺激和产品选择，消费者并不是不忠诚，而是在不断的尝试和不断的升级自己的消费欲望，因此我们似乎发现普通的消费者调研工作也出现了问题，问题是我们很难发现消费者真实的意图、真实的内心想法。因为信息化和自媒体的发展，导致了消费者本身真实意愿的自我封闭，而是靠网络和社群交流来获得自己想要的信息。

社群并不是社区，社群是由近似同样利益的团体组成的边界模糊的群体，甚至没有地域限制，而社区是我们通常认为的在一定的区域范围内组成的群体，社群的含义比社区更广些，因为消费者是由社群人员组成的，社群的分散就会决定着我们传播途径的分散，从而我们应该在产品传播过程中更多地考虑传播的聚合效应以及传播有效性问题。

产品本身就是从反向思维得出的结果，反向思维的的特点是，到底谁会需要这样的产品，他们需要的产品和我们现有产品的契合度是什么样的，我们提供的产品是以什么样的途径让消费者知道的，一系列的问题，当然，笔者所从事的医药行业和传统意义的普通产品销售是有很大区别的，医药行业的产品从零售药品的全媒体时代的品牌营销到今天的顾问式销售开始转变，处方药品的外流到零售市场会越来越多，主要是政策等原因造成的处方药销售“千军齐过独木桥”的情况。虽然我们看到很多企业都将处方药向零售市场转移，笔者认为，这仅仅是当下一些企业的无奈之举，并且一定有一部分企业在进军零售市场的同时会无功而返。

我们还是以医药行业为例，研发是产品的保障，我们很乐观地看到，政府对医药研发会越来越鼓励和支持，尤其是传统中药的开发，未来的医药行业一定是属于两种企业的天下，一种是研发型的企业，一种是营销型的企业。

药品的创新研发是最艰难的过程，同时风险很大，因此很多药企并没有真正沉下来做研发，我们同样看到了现在以销售模式为核心的一些企业，虽然知名度挺高，但产品的质量的确是个问题。新政的“药品一致性评价”的确让有实力的企业感觉非常受欢迎，化学制剂药品质量将会得到很大的提高。以前是同样从 GMP 生产车间生产出的产品，质量就是不一样，医药行业人员基本都知道。尤其是中成药，质量就更加千差万别，只能用“你懂的”来表达我们对中药企业的看法，中药材的规范和溯源管理是留给政府监管的一个挑战，加上我们对过去检测手段相对落后，除了对各种菌落的检测之外，对于有效成分的定性定量检测并不完善，也给很多企业留了钻空子的机会，随着科技的进步和发展，对中成药的含量测定也会日新月异，产品的质量保障也会大大的提高。在医药政策频出的时候就像一次“考试”，学习好的同学总是希望题出的难些，这样才能真正地分出伯仲。

产品是根，质量是本，本立而道生，这是我们亘古不变的道理，在保证质量的同时，如何能探求市场所需，有方法、有效率地引导市场销售将成为营销管理未来一段时间的思考课题。

第三节　局——运筹的设计

在医药的营销史上，各种模式都有成功的典范，各个品类几乎都有一两个领头的产品，我们思考的问题是企业这盘大棋我们用什么方法去下，局内和局外如何谋划、如何设计，这成为能否使企业发展的必备力量。每个企业基因不同，就像不同的人，性格不同、背景不同、学识不同，无法用统一的思路和方法来规划企业的营销格局，因此我们经常看到很多企业在遇到问题时盲目求医问诊，有的花费不菲的代价换来了一本本的策划手册和无法落地的方案，老板听着方案中的理想和似乎合乎逻辑的推理过程感觉终于找到了一个正确的方向，但在落地应用的时候我们经常会看到无法实施的迷茫。我们不能武断地说咨询公司的方案都是无法落地的，因为企业的基因不同，咨询只能解决共性的问题和提供标准的方法，个性的东西很难通过一个方案彻底解决。尽管笔者对不负责任的咨询感到很不耻，但对于企业自身的改变，老板对企业问题的认识，老板对企业问题维度的观察都会决定着执行的结果。我们可以举例说明，例如事必躬亲的老板，在组织设计上我们需要用更多执行型的中层干部，如果是相对放权的老板，中层设计就需要有管理型的干部，可以说，我们企业的内因设计会影响企业的外因，同时外因的改变也会不断冲击内因。局中有启局、布局、转局、和局、控局、胜局之分，因此系统营销思维之局并不是固定模式的思维模式，它是根据企业具体的情况进行分析得出的结果，不同的结果需要用不同的局法。系统管理方法的系统思维的一个根本就是要打破管理过程中的“定式思维”。

每个企业都有自己的基因和气质，所以在我们通常看到一个企业在成功的道路上经常会忽视了企业运营中的布局问题，而去放大企业的某一个闪光点，然后将它做为一个案列来讨论，关注的点就变成了主题，反之，我们看到了某一个企业的失败，经常会通过一个点来窥探企业失败的原因，这都是片面的。

那么我们再回头看看企业成功的内因，往往和商业模式及管理模式有着直接的关系，在我们假设模式和市场都可行的前提下，更多的则是管理的差异，但是管理更离不开布局。有时候我们在企业里开会，领导会经常的和高管讲：“大家一定要有大局观。”何为“大局观”呢？真正的大局观不是每个人都会有的，因为每个人的经历不同，不可能有一个统一的认识，正所谓“夏虫不能语冰，井蛙不敢论海”，因此我们在国内的优秀企业中都会发现一个类似的现象，就是企业家基本都是能人、强人，同时还要求企业家有高超的智慧和处理社会关系的能力，因此中国的企业家真的很不容易，一个成功的企业，往往企业家是经过魔鬼训练才能修炼成功的。企业对市场的辨识能力就是企业的生存能力，作为高管不会和企业家有同样的感觉，因为定位不同，所承担的使命也不同，因此往往国内的企业都是在一个强势的企业家带领下开拓出来的事业，有大局意识的人在企业中少之又少。因此，孤独是很多企业家的共同感触，因为一个优秀的企业家会看到别人看不到的世界，但往往别人不会相信，如何让其他人都相信企业未来的梦想，这便是一种独特的能力。

如果说企业的发展和经营中有布局之法，那么从不同的层次来讲，更多会贯穿着用人之道、运营之道。我们来研究一下局法，每个企业都要从启局开始，不管中间经历多少波折最后达成胜局才算是成功，否则在整个经营过程中，一个环节不通畅都会引发问题。

启局是梦想，每个企业的成功都是把人经营成功的过程，从无到有，不断实现每一个目标。一个创业团队或企业核心人员的资源如果大于梦想，那么创业将是件相对容易的事情；如果本身的资源很少，很难驾驭目前的梦想，那么创业将是艰难的，甚至是痛苦的。如何能说服别人和你一起干，这是门艺术。就像马云创业之初，能有那么多人和他一起干，除了个人魅力之外，就是马云一定不停地给团队成员输出梦想，让每个人都相信了，他口才不一定好，即使用一般的口才能将梦想兜售出去，也是成功的。启局一定有梦，梦是每个人内心的动力源，没有梦就没有方向，就没有起初的动能。

布局为运筹，能找到合适的人，不一定是最优秀的人，做合适的事很重要，往往我们用对人比做对事重要。其实在现实的公司管理中，用对人也要做对事，看看人在哪个岗位，一定要把事情做正确，重要岗位关乎企业的发展存亡，因此很多哲学的理论在企业管理中不见得真正适合。说到布局就离不开组织，企业根据不同的发展结构会设立不同组织，那么组织的优劣会直接决定着企业的发展速度和企业的生存能力，组织是公司的生态系统。一个运行好的组织分成以下 3 个部分。

第一就是组织的核心层，核心层是企业的动力之源，核心层成员往往是企业的命运共同体，这个共同体的使命也决定着企业发展的未来，所以在组织上层建设时，有一个比较强势、有威望的核心领导很重要，这是企业有社会属性的一面，我们经常看到企业由于前期合伙人不和睦造成企业解体或组织矛盾重重的案例。一个人不一定是全才，但一个合格领导者要想成功，一定是一个悟透人性和具备一定胸怀的人，善于发现本质，善于平衡关系。因此我们经常开玩笑说，企业家几乎是“野生”的，他似乎不用区别学历、不用计较出身、也不用专业训练，骨子里就具有企业家精神，这种企业家精神除了敢于冒险、善于等待、具备胸怀之外，还有对成功的欲望和爱惜人才的特点，这也许就是第一代市场化企业家成功的动力源了。然而我们进入信息化社会以来，很多企业似乎还在固步自封，企业的创新精神不仅仅体现在企业家的智慧里，还要有革自己命的勇气。成功太久了有些害怕失败是吗？这都不是问题，更大的问题是企业家的接班人的继承发展问题，中国是一个传统国度，父传子子传孙的惯性轻易不会改变，当所谓的富二代站到组织的顶端开始成为企业权利的核心时，这时企业的发展和蜕变才刚刚开始。

第二是企业的管理层，这个层次多数是由跟随公司多年的老员工和经理人组成，这一层级是公司发展的关键性力量，管理层的能力直接决定着企业运营的效率，这个层级横向的部门较多，也是公司既要相互协作又有相互制约的层级，这个层级多数是公司的利益共同体，同时在这个层级上也会出现矛盾和斗争。从远古以来人一直是群体动物，动物本身的一种属性就是领地意识，这种领地意识会在人的身上通过不同的形式表显出来，在工作中这种属性主要在权利和利益的争斗，核心层级的关键人员成了管理层级人员依附的对象，为职业生涯的顺利发展和为业绩提供支持。管理层从资源的获取到市场的支持要付出很大的努力，因此一批批职业大军在行业的管理层相互流动，一旦一个新到的职业经理人上任到一个团队比较稳定的老企业中，企业中的员工会骤然释放领地本能，职业人就不得不面临着不同层次的评论和挑剔，以至于很多企业根本没有“空降兵”的生存土壤，外来职业人不得不面临重新选择的局面。

第三是执行层，包括市场销售人员和基层员工，这个层次我们需要打造利益共同体，对于基层员工我们不要大谈理想，管理中一定要谈收入的问题，能让员工赚多少，员工才有多少积极性。基层员工大部分还没有摆脱“生存期”，因此管理手段一定要简单有效。另外，执行层需要通过公司的管理体系进行绩效考核以及行为约束。

第四节　果——价值的核心

在企业文化相关理论当中，核心价值是经常被提及的概念，但是大家对于核心价值的理解却往往大相径庭。核心价值本是一个舶来品，出自 1994 年柯林斯和波拉斯发表的专著《基业长青》。在书中，作者提出了“愿景型企业”的概念，并认为保持核心价值和核心使命不变，同时又使经营目标、战略与行动适应变化的环境是企业不断自我革新并取得长期优秀业绩的原因，而构建与贯彻有效的企业愿景则是成功的关键。

一、概念理解

作者认为，“核心价值和核心使命用以规定企业的基本观念和存在的原因，是企业长久不变的东西。核心价值是指一个组织的最基本和持久的信念，具有内在性，被组织内的成员所看重，独立于环境、竞争要求和管理时尚，一般3～5条。”依据这种解释，当时这个概念应该被翻译成“核心价值观”或“核心原则”更为合适，因为“Value”在英文中除了“价值”还有“原则”和“价值观”的含义，但是在中文的语境里，“价值”却没有“价值观”“原则”或“信念”的含义，这样就从一开始产生了歧义。此后，众多的同类著作都将含义为“原则”或“信念”的“Value”直接翻译为“价值”，使混淆进一步扩大。

没有看过相关著作的国人往往望文生义，将此概念理解为“核心的价值”，但却不了解此价值非彼价值。况且汉语中的“价值”概念本身就有千差万别的理解。在社会科学的不同领域，价值理论存在着明显的差异与矛盾，每个领域都有自己特有的价值概念体系，甚至由此导致了社会科学领域中的许多重大理论争议。鉴于以上的原因，不论是外来的“核心价值”，还是本土的“核心‘价值’”，都面临着纷繁复杂的定义与阐述讨论。

那么，什么是核心价值呢？有学者认为核心价值就是组织拥有的区别于其他组织的、不可替代的、最基本最持久的那部分组织特质，是组织赖以生存和发展的根本原因，是一个组织基因中最核心的部分。

由上述定义可以看出，核心价值对企业来说是非常重要的。它可以让企业明白，世界上为什么要有自己这家企业，顾客选择自己而不是别的企业的理由是什么？只有当核心价值明确的时候，企业才可能在许多方面去寻找、培育实现核心价值所需要的能力，即核心能力。如在战略管理、品牌管理、人力资源管理、流程再造管理等方面，如果没有核心价值来引导，企业面临环境的变化，只会进行一次次“无主题”式的“战略调整”等管理活动，从而使企业被各种“商机无限”的项目和业务拖向经营的沼泽地，企业的核心能力将无法形成，最终走向衰弱或消失。

既然核心价值对企业如此重要，那么，下一步将为企业进一步探讨企业核心价值的表现形式，它是如何形成、发展的，以及用什么方法明确清晰。

二、形成过程

从核心价值表现形式的多样性和复杂性看出，企业核心价值的形成及发展需要经过长时间，涉及多方面。

1. 第一阶段

从纵向来看，核心价值是随企业的发展而形成并丰富的。第一阶段是企业初创期。由于企业经营能力差、规模小，企业的核心价值在企业的不断成功中得以形成和强化，相对来说是单一的；第二阶段是企业进入成长期，经营能力增强，规模逐渐扩大，获取了更多资源，取得了许多成功的实践，自身的核心价值得以扩展，可能会产生几个核心价值；第三阶段是企业进入成熟期，规模达到顶峰，面临更大范围的竞争，跨部门合作更为重要，企业需要通过对核心价值进行优化选择，来保持相对竞争对手的优势；第四阶段是企业进入老化期，各主要经营领域都会受到很残酷的竞争，这就需要企业对自身的某些或某个核心价值进行更新，以适应未来环境。

2. 第二阶段

从横向来看，核心价值由企业的各个管理活动的关键成功要素综合体现。企业创造价值需要通过各种管理活动，如生产管理、研发管理、市场营销管理、人力资源管理、客户关系管理、供应商管理、公共关系管理、安全管理、质量管理、风险管理、战略管理等。不同企业的核心价值在管理活动中反映的程度不同，一般要通过跨部门的管理活动来实现，特别是能形成企业核心能力的企业管理活动，这部分活动就包含着核心价值的关键成功要素。如海尔的核心价值是“真诚”，海尔的星级服务、产品研发就是对核心价值的展现；诺基亚的核心价值是科技、人性化，诺基亚就通过不断推出新产品，以人性化的设计来打造其高科技形象。当企业由关键成功因素构成的核心能力得以进一步验证和强化，企业的核心价值也就形成了。相反，如果管理活动背离了企业的核心价值将会给企业带来灾难性的打击。1982 年，派克公司改变战略，放弃了“尊贵、不可轻易获得”的核心价值，开始经营每支售价 3 美元以下的钢笔，企图争夺低档笔市场。此举大大损害了客户因拥有“钢笔之王——派克笔”而获得的形象和声誉，客户价值的下跌使派克公司不但没有打入低档笔市场，在高档笔市场的占有率也因为克罗斯公司的乘虚而入下降到了17%。

3. 第三阶段

从利益相关者来看，核心价值经历了由企业创始人初创核心价值、第一批成员通过企业的成功经验认可核心价值、高层管理人员进一步示范强化、所有员工的一致行动、客户确认、股东支持等过程而形成、固化和确认。

三、发展

具体说，企业的核心价值最先是由企业的创始人经过对企业生存的思考和实践而初创的，比如创立IBM的老沃森是一个清教徒，他提倡的“大家庭文化”为每名IBM员工制订了严格的行为标准和道德规范，并极力推行，至今仍是IBM的文化核心。当企业第一批成员以此来指导自己在企业的行为并获得了成功，由此产生对企业核心价值的认可，而高层管理人员进一步参与实践，用核心价值来指导企业的经营管理活动，形成企业的核心竞争能力，从而使核心价值得到了强化。特别因所有员工在打造企业的核心竞争力过程中使核心价值在企业中得以固化。最终由于客户满意企业提供的产品和服务，进一步对核心价值加以确认，而股东从核心价值为企业带来的长期业绩中获利，会对企业的核心价值进行大力支持，这样，企业的核心价值就深入到利益相关者的心里去了。

如果员工不能用心去实践，将会产生很大的伤害。如曾以“沟通、尊重、诚信、卓越”为核心价值的安然公司，其员工在实际行为中却惟利是图，采取欺诈的手段牟取暴利，根本没有诚信可言，最终导致了公司破产。

四、整理

由于企业的核心价值需要通过多个管理活动、众多人员参与来体现，如果不加以梳理和清晰，随着发展核心价值和环境的变化，企业将会迷失自己的核心价值。那么，如何梳理和清晰核心价值?

梳理和清晰企业的核心价值，必须找到路径和方法。关于路径，前面所阐述的企业核心价值是如何形成、发展的，其实也就为梳理和清晰企业核心价值提供了路径。即：企业发展历史、企业经营活动、企业成员及客户的认识和行为等。至于方法，可以通过以下方法及步骤。

第一，究根溯源来初判企业的核心价值。可采用企业生命周期的方法进行分析。先根据企业历年的销售收入增长率和利润增长来划分企业的不同发展阶段，再收集企业的成功案例和历史中的重大事件。如组织结构调整、高层人员变动、股东变化、重大社会活动等，并按时间进行排序。然后以企业的成功案例为主线，分析取得成功的要素，结合同期发生重大事件的因素，就可以呈现出企业价值的雏型了。最后在众多的价值中以是否具有历史延续性来初判企业的核心价值。

第二，通过寻找关键成功要素来明确企业的核心价值。用一句话概括它存在于企业的管理活动中，特别是企业具有巨大优势或相对优势的管理活动。可以用价值链和对立价值架构的方法进行分析。这样，第一步就是确定企业创造价值的主要管理活动。价值链分析是将企业活动分成两组。一组是基本活动，主要涉及如何将输入有效的转化为输出的最终产品与服务。另一组是支持性活动，反映企业内部的管理活动。这样划分有利于分解识别企业产生价值的来源，判断企业的竞争优势，找出价值链上的关键环节及对应的管理活动。第二步是分析主要管理活动的价值要素。采用对立价值架构方法分析。对立价值架构包括控制、竞争、创造、协作，把这四个活动作为一个整体看，对企业管理中的各种创造价值活动进行归类，从中找出企业已有或期望的关键成功因素，确定体现的企业核心价值。

第三，挖掘利益相关者对企业的核心价值的认知。通过企业生命周期方法，初步得到了企业的核心价值，采用对立价值架构找到关键成功要素。但还不够，因为缺乏人的因素。还需要用实证的方法来验证并清晰企业的核心价值。要通过深入访谈企业高层、中层、普通员工以及客户来实现。深入访谈涉及的面要广、人员要多，未能涉及的要用调查问卷来补充。主要内容应包括企业的优势是什么、为什么？产品或服务的价值是什么、为什么？各自工作中哪些是有价值的、为什么？等。将受访者的观点进行归类，得出利益相关者对企业核心价值的认知。

五、价值

最后，确认和清晰企业的核心价值。可先列出前三种方法得到的企业核心价值，采取求同去异的方法进行确认。采取的步骤为：优先挑选三种方法都得到的核心价值，数量不要超过4个，如果不够，可以考虑选择有二种方法获得的核心价值，只用一种方法获得的核心价值一般不作考虑。在明确企业的核心价值后，下一步就是要将它进行清晰：首先在企业内、外部对确定的核心价值进行讨论、完善，达到一致性的认识；其次将企业的使命和愿景与核心价值一致起来，进行简洁的表述；再次，企业的战略要围绕核心价值来制定、实施；最后，通过反映核心价值的关键成功要素的相互组合，分别形成企业的核心竞争能力，并且落实到相关的主要管理活动中去。

六、使命

1. 国家使命

天下兴亡，匹夫有责。

1894年接手《纽约时报》并由此创造了该报辉煌的阿道夫·奥科斯，经常给他的下属讲一个关于“三个石匠”的故事：

中世纪的一个行吟诗人在路上先后遇到了三个石匠。他分别问他们：“嘿，干什么呢?”

第一个说：“在凿石头呢。”

第二个说：“我在雕刻一块基石。”

第三个回答令人振奋：“我在建造一座大教堂!”

在同一工地上，干同一项工作，但由于他们心中的使命不一样，却带来了不同的人生命运：第一个，把工作看作是为了养家糊口，终生是一个教堂维护工；第二个，把工作看作是一门技艺，他则成为了教堂后续工作的管理者；只有第三个，把工作看作是一个伟大事业，最后成为一个著名的建筑家。

使命是实现愿景的手段，回答的是“我该做什么”“我如何走”才能实现我的目标。在想做、可做、能做的这3个环节中找到一个真正该你做的事，回答的是我们业务为什么只能做这个而不做那个。

——崇高的使命；

——神圣的使命；

——伟人的使命。

杜拉克认为，在剧变的时代中，企业所要界定的使命，应回答3个基本问题："我们目前的事业是什么?""我们的事业将变成什么?"以及"我们未来的事业应该是什么?"企业家最重要的责任，就是为企业创造不相同的明天。杜拉克一再强调，企业所要达成的使命，一定要落在企业以外的"创造顾客"之中，是企业为了达到愿景对客户、员工、股东和社会等方面的承诺。

2. 企业使命

近年来，安然、世通公司等华尔街金融丑闻的相继败露，企业家的道德水准遭遇空前的质疑，越来越多的学者也对曾经被夸大过的以赢利为目标的企业使命进行了反思，要求企业承担社会责任的呼声越来越高，如今国外几乎所有的大公司发布年报时都隆重地介绍企业的社会目标和善行，富时和道琼斯也推出了"企业社会责任指数"，不少欧洲企业还进行 SA8000 社会责任标准的认证。

企业社会责任理论认为，企业作为一个商业组织，不再是可以不考虑公众利益的独立实体，"企业的经营行为必须具有社会意义，就像企业的社会行为必须具有经济意义一样"。为此，要想获得战略主动并且确保长久发展，企业必须在关注利润最大化目标的同时承担相应的社会责任。据有关资料表明，目前，全球主要的 200 多家跨国公司中，都设有自己的公司社会责任标准，绝大多数公司在其核心价值观中，也将承担相应的社会责任放在重要的位置。

第四章　品类品牌化的实现方法

第一节　以顾客为导向，建立“服务＋品类”模式

在市场经济发展、竞争日趋激烈的今天，由于市场商品业竞争导致价格战和供货渠道之间的柔盾层出不穷，对此，销售人员的服务在销售工作中起了重要作用，那么如何提升我们的服务品质？

一、配合公司经营战略引入医药代表销售理念，真正做好诚信服务和传播知识营销方法

专业化的药品营销人员意味着在产品知识和销售技巧两方面都具备专业化能力，应该是擅长应用产品知识和销售技巧让客户接受产品。如心血管类药品销售人员，通过主动学习相关产品知识，如通过查阅医药相关网站和相关医学书籍，了解冠心病相关医学论断和治疗进展和临床药物治疗情况，至少把自己培养成冠心病或头晕头痛方面的专才，以优异的产品知识指导客户合理使用公司产品，以此取得客户的信任和支持。同时大力开展诚信服务，诚信致胜，让客户认识你的人品，真正做到让客户感受到产品代表是真诚服务的，以此取得客户的支持。

二、主动联系医药公司业务员，走“商业联合”的路子，以公司产品经营为核心，进行系列活动，从而达到提高销售额的目的

医药公司业务员是本市场销售工作中的中坚力量，具备人数多、市场熟悉、分布细等特点，同医药公司合作，让其人员在跑市场时帮助推广公司产

品，同时各种活动鼓励零售商品多订货、多销售，由医药公司业务员将相关公司政策落实到每个终端并及时跟进，建立终端销售网络，让此分布在县市各个角落的星星之火来提高我们整个产品的销售量。

三、建立客户档案，对老客户及大客户进行回访，抓住客源

对客户有目的的回访建立本市场终端客户销售档案，对各个客户的销量采取相应的措施，如对销量较少的客户鼓励他们多向顾客推荐公司产品，对销售量大的客户提高回访次数，可采用节日祝福和电话回访，拉进关系，可适当赠送礼品，这样人性化的服务对防止客户离开、保证销量持续增长是大有帮助的

四、建立完善的客户服务措施

在一家企业的训导中有这样一句话：我们要服务顾客，诚信至胜。作为产品推广者，我们应该清楚意识到医药行业发展已从“价格时代”进入到“服务时代”，除了销售产品，还更要为客户提供完善的服务。只有充分认识到这一点，才可能用服务顾客的标准来要求自己，逐步树立服务观念产。而要做到这一点，销售就要身体力行，注意以下几点。

1. 树立以客户为中心的服务观念，用不同方式满足顾客的需求

在《医药代表实战宝典》这本书里讲到，每个医药代表应把自已所负责的市场看成自已所管辖的一个企业。作为销售代表的我们，就应该对自已所在市场的客户较为了解，树立以客户为中心的服务观念，用真诚服务来感动着自已的客户，不仅是销售产品，而重要的是对其提供周到的服务，如送货上门，售后跟进的方式来提高服务品质。

2. 向客户传播公司企业理念和文化，树立品牌营销，在客户中形成著名品牌

销售代表在销售公司产品的同时还肩负着传导公司企业文化与理念的责任，以天士力公司为例，天士力公司在本国医药行业就处于一个领先地位，而大部分客户只知道其主导产品复方丹参滴丸是个好药而不了解其产品背后的文化，那么作为公司销售代表我们就应该向客户传达天士力公司现代中药理念，如天士力集团致力于推进中药现代化，创造大健康理念及为我国医药

事业所做出的巨大代献，及其复方丹参滴丸以药品的身份率先通过美国 FDA-IND 成为我国中药的典范等，使客户通过复方丹参滴丸而认可天士力的“创造健康，人类共享”的理念，真正形成天士力的著名品牌。

3. 帮助客户树立利润双赢的意识

作为公司的销售代表，我们也应让客户树立起利润意识，因为没有利润，即便是一流的产品，一流的文化，都是空话。我们应通过产品销售，让客户看到信心和希望，让其认为使用我们的产品是能够赢得利润的，在互利互惠的基础上实现合作的双赢。

总之，客户服务是一个多方位的内容，需要我们不断去探询，不断实践和总结。不光是我们公司本身的客服人员做维护，我们的销售人员也要进行客户维护工作。

第二节　精雕细琢，注重产品的 360 度设计

近年来，人们对医药产品的要求越来越多，民众的医疗意识也日益增强。面对城乡医疗水平的差异，外来医药的增多，医药市场的品牌策划也应运而生。

医药市场是个人和组织对医药产品现实和潜在需求的总和，它不仅是一个计划、组织、实施、控制管理的过程，更是一个社会过程。其实就目前的行业调研来看，伴随着现代社会的不断发展以及我们对医药需求的不断提高，中国的医药产业很快浮出水面并迅猛占领市场。但是优势迅猛的同时也增加了市场竞争的压力危机，所以我们的产品在医药市场中需要更恰当的品牌策划，巩固品牌的市场地位，使其站稳脚跟。

过去的两年中，从国内的医药市场领域来看，主要有三件大事：一是药品第 18 次降价；二是医药采购回扣专项整治；三是遏制一药多名。中国的医药企业正面临大变革、大分化的趋势，这意味着强势企业会越来越强，弱势企业会最终被淘汰出局。所以未来几年的品牌规划将决定许多医药企业的生死。

而其中一个无形的力量决定着企业的发展命运，那就是品牌，不注重品

牌策划的企业正在为此付出惨痛的代价。中国的医药行业早已经历了质量竞争、价格竞争等模式而开始进入到品牌竞争的时代。企业要想在日益激烈的市场竞争中生存下来，必须紧跟时代脚步实施品牌策划战略，全力打造企业自己的品牌。

药品作为一种特殊商品，消费者重点关注的是它的功效与安全性，但消费者并不具备判别药品质量的专业能力，因此自然就将注意力转向了品牌，尤其在一个具有众多类似品种的市场中，有无品牌、品牌形象如何等肯定会成为消费者购买与否的主要判别指标。这一点在 OTC 市场上尤为明显：消费者自行购买的药品主要是 OTC 品种，越来越多地受到产品品牌的影响。由于品牌名称简介或是广告语的突出所产生的直接品牌效应，几种药品迅速得到消费者的认可，取得了不俗的市场业绩，这就是品牌产生的消费者驱动效应。

强势品牌能显著提高自身竞争优势，差异化特性令对手极难模仿，并能延长产品的生命周期，强化消费者对该品牌药品的认知，愿意消费自己接受的品牌，从而使品牌拥有者获得竞争优势，获得最大收益。强势品牌还能够影响消费者的态度和行为，有利于企业与消费者之间的进一步互动。随着消费者对健康关注程度的日益提高，他们愿意更多地了解有关疾病和药品的知识。直接面对消费者的品牌策划过程为此提供了方便、可靠的途径，在宣传药物疗效的同时也向消费者传播了疾病治疗方面的知识和医学的进展情况。

总之，中国的医药行业也到了一个品牌竞争的时代，复杂的市场环境和大规模的行业洗牌越来越要求医药企业要重视品牌策划工作，只有有了正确的品牌策略，才能建立自己的竞争优势，在激烈的竞争中稳步强大。

第三节　资源聚焦，品类为王的投入法则

《老子》有言："上善若水，水无常形。"现代商场，是以巧取胜，绝非凭力致胜。故而，商场如战场，凡试图生存者必定需要"水性思维"，懂得水滴石穿下的逆中有顺，了解四两拨千斤的以柔克刚。在与强劲对手赛跑的商战中，不讲技巧，一味以"蛮力"猛冲猛打，其结果只会撞得头破血流，最终偃旗息鼓。所以，做生意需要策略，需要懂得用脑。当然，用乎其妙，存乎

一心。策略如秘笈，于不同人的手里其功力亦不同。那么，就让我们探秘强者是如何操纵市场。

首先是聚焦策略。聚焦策略与资源策略本是彼此紧密相关，但又相互区分的企业发展策略。在脑白金运作中，史玉柱天才般地将两者结合，并取得不菲战果。聚焦策略是指公司把优势资源集中于某一个特定的细分市场，在该特定市场建立起比较竞争优势，比竞争对手更好地服务于这一特定市场的顾客，并以此获取高的收益率。很多企业最常犯的错误就是没有把自己的精力集中用在一个点上。他们总是兴趣广泛，贪心不足，这山望着那山高，朝三暮四，浅尝辄止；很多企业多头出击，分散投资，战线拉得很长，触角伸得太多，没有在自己的核心竞争力上使劲，结果企业大而弱，不堪一击。

所以，雷霆万钧敌不过瞬间爆发的一道闪电。也不是子弹多就能击中目标，毕竟常言也道“锁定目标，弹无虚发”。而市场竞争中最强有力的武器是集中所有的力量于一个点上，或只拥有一个概念。

另一方面，资源策略是企业发展战略的一翼。市场经济属于稀缺经济，价值规律决定资源总是在行业部门内不均匀流动。要很好地谋划企业成长，就是要全面发掘资源。“集四面各种资源，成八方受益事业”是企业家的使命，也决定企业的命运。

因此，企业家要树立大资源观。不但要发掘物质资源，也要发掘人力资源；不仅要发掘现实资源，也要发掘潜在资源；不仅要发掘直接资源，也要发掘间接资源；不仅要发掘空间资源，也要发掘时间资源；不仅要发掘智力资源，也要发掘情感资源，不仅要发掘可见资源，也要发掘无形资源。

一个品牌只有成为领先品牌，才能拥有广阔的市场空间。但如前所述，若要成为领先品牌，就必须拥有比竞争对手更多的资源，必须形成足够的竞争优势。可是，众所周知，企业，尤其是中小企业最缺的就是资源。企业成立要资源，渠道扩展要资源，广告推广要资源，企业的发展势必面对吞吐大量资源的需求。

没有资源，就谈不上什么竞争优势，更谈不上成为什么领先品牌。同时，“没有资源，找资源，有了资源，缺策略”，这却又是中国目前多数中小企业公司面临的共同窘境与尴尬。

不过，只要能够揉和“聚焦策略”和“资源策略”就会发现，中小企业其实也可以变得“资源充沛”。

战国时期田忌赛马的故事，其实就是一个典型的运用聚焦资源策略的案例。故事中的田忌其实可以看作为中小企业，而齐威王则相当于大企业。此前，田忌与齐威王赛马，因为实力相差悬殊，所以每次都以田忌败北告终。但孙膑则聚焦资源，运用策略娴熟，借此帮田忌扳回败局。孙膑辅佐田忌以上等马（优势资源）对抗齐威王的中等马（薄弱资源），以中等马（优势资源）对抗齐威王的下等马（薄弱资源），两战两胜，获得竞赛的最终胜利，成为竞赛的赢家。

聚焦资源策略确实让史玉柱得到了脑白金的成功。

1998 年的史玉柱在经历巨人大厦风波后，手里就已经没有任何资金了，但这时他“瞄上”了当时在中国还方兴未艾的保健品市场。可是，如果与国内已有一定名气的保健品厂商公司相比，荷包不鼓，资源不充沛的史玉柱即便是激活其所有的资源可能也不如其 1%。以一对百，无疑是以卵击石，自然是无往不败。但是，史玉柱找到了迎战的突破口。

史玉柱说：“再完美的公司也有势力薄弱的区域，在这些区域，它们投入的资源相对较少，市场根基并不扎实，如果我们能够集中资源，集中发力的话，是完全可以战胜这些大公司的。”

于是，正如我们知道的那样，史玉柱满怀信心的揣着来自朋友有偿相助的 50 万元，做起了保健品脑白金。随后，史玉柱把目光聚焦在了保健品的“盲区”江阴，“一掷千金”地花了 10 万元在江阴大打广告。由于广告力度大，很快在当地就产生了异常热烈的市场效应，脑白金成为江阴家喻户晓的保健品。挟江阴成功之势，脑白金的影响通过传播很快地影响到了周边的无锡等地。史玉柱用江阴赚的钱、总结的经验、论证的模式、训练的团队，1998 年开始正式启动无锡市场，很快无锡的月销售额过了 80 万元。随后，史玉柱又用无锡的钱启动南京、常州、苏州和吉林 4 个市场，这 4 个城市在第二个月都开始赚钱了。

对于资源，做到集中、集中、再集中——聚焦策略，脑白金创业队伍成员陈奇锐在《追随史玉柱的日子》中这样写道：“脑白金的营销秘诀，其实就只有几个字。而总结脑白金营销言论，得出了一些简单的原则，脑白金的营销理论，非常简单，那就是“集中优势兵力”。

史玉柱本人也感叹说：“一个企业资金实力再雄厚，也只能在几个重点行业、重点地区、重点产品上下功夫，如果没有做到重点突出而采取平均用力的话，就必然会失败。在营销手段的使用上也必须有一个重点，必须加大人力、物力、财力，做重点地区。”

第四节　有效动销的方法

快消品新品处理完招商、铺货这些基本事宜之后，并不意味着就可以坐等数钱了，只有实现快速动销，厂家和经销商才有喘息的机会。那么，除了在新品上市前，利用“巨额”广告覆盖造势之外，还有哪些终端促销手段，能让新品快速动销？接下来将以香港亚马逊的实际操作为例，来讲一讲让新品上市之初就能实现终端快速动销的一些方法，以供大家品鉴。

一、免费样品

免费样品是新品入市后能够快速动销的最有效的手段之一。它能够创造极高的试用率、惊人的品牌转变率，能促使免费样品使用者成为现实购买者的可能性高。

香港亚马逊在推广新品时，就投入巨资支持全国各区域经销商，在商超、社区、广场等人流较多区域，进行样品（新品）的免费试吃与试饮。这样做成本虽高，但效果显著。消费者通过直接体验后不仅对新品及品牌有了更深的认识，还能产生大量比例的实际购买者，最终成为忠诚的消费者。

二、产品陈列

对于快消品而言，70％的购买决策都发生在购买现场。因此，良好的陈列及生动化对于新品的快速动销就显得格外重要。产品的陈列及生动化能够让消费者看得到、买得到，还能提高新品的能见度，扩大与消费者的接触面，实现动销。

香港亚马逊在产品终端陈列时，不仅力争更好的陈列面、排位，以方便目标顾客快速购买，还通过展架、堆头等形式，扩大陈列。甚至，借助各种专用陈列架、POP、展示牌、易拉宝等陈列辅助工具和材料，烘托现场气氛，以求陈列更加生动化。

三、人员促销

快消品往往通过促销人员在终端拦截并抢占其他品牌的消费者。特别是在新品上市初期，优秀的促销人员能起到非常重要的作用。联合利华开展的一次测试表明，在大卖场，安排促销人员进行导购活动，比平时没有促销人员时销量可以提升约30%，甚至更多。香港亚马逊也认识到这方面的优势与潜力，在指导经销商做市场时，鼓励并支持各经销商根据各自的实际情况，在重要渠道的新品上市时，安排一些促销人员。这样做不仅对新品的推广有着非常重要的作用，还能提升产品与品牌的识别度，最终实现产品的快速动销。

第五节　品类角色的定位

品类管理要求药店不能再单纯从品牌出发，需要更进一步全面地分析品类。而确定品类角色是实行品类管理的关键内容之一。

在确定品类角色时，许多药店把产品简单分成高端、中端（普通）、低端和辅助产品。而经营品类在终端应用上一般分为目标性、常规性、季节性、偶然性和便利性。

确定品类在门店中的角色，首先要确定门店定位与消费者细分，明确品类在门店的定位以采用不同的营销手段。重要的是发挥整体优势，提高整体门店营销效率。

定义品类角色时，需要考虑到品类对商店的重要性，对目标购物群的重要性及对品类发展的重要性。品类分析应首先确定品类对目标购物群的重要性。汇总不同购物群在不同品类的购物频率、消费金额等数据。不同的品类因其品类角色不同，应采取不同的品类战术。

比如药店 A 与药店 B 位置邻近，A 是以经营家庭常用药为主的社区小药店，B 是药品大卖场，各类品种都很丰富，保健品礼盒是其目标性品类之一。某一天，B 卖场保健品礼盒（如太太口服液）大幅度降价，A 药店快速跟进。结果是 B 卖场销量大增，但 A 药店不仅生意没有增长，还损失了不少利润。这是一个典型的用便利性品类与目标性品类竞争的例子，很多零售店在实际运作中都会犯这样的错误。

4 种品类角色具有截然不同的特点。

目标性品类，一般应为与门店定位最为符合的品类，规格较少。具有价格、质量、便利等方面的领先性，在制定策略和战术时，可分配较多资源。如家乐福超市的洗发水品类，大型商场的化妆品品类，大型药店卖场的大型医疗器械品类。

常规性品类，为最大量产品及规格。消费者常规性购买但价格敏感性较低的品类，具有较高的平稳性，利润中档，为企业认知产品。在制定品类战术时，可分配一般资源。如大中型药店卖场的心脑血管品类、糖尿病品类；小型药店卖场的感冒药品类、止痛药品类。

季节性品类、偶尔性品类是指消费者购买规律为季节性、偶发性的品类，如大中型药店卖场的减肥药品类。

便利性品类，通常为辅助产品，充分满足消费者一站购齐的愿望，因为它能充分利用门店的剩余空间，而且具有配套性，为消费者提供便利，还可以提升消费者满意度。比如创可贴品类、含片品类等。

药店经营者应当结合门店的定位和产品的销量等，根据以上确定门店的品类角色，以便展开下一步的营销活动。

第六节　多品类组合战术

品类战术是为实现品类经营策略和目标而采取的行动，品类战术的内容与市场营销的组合策略十分相似，但要更具体，更细，更能体现零售业的特点，连锁超市的品类战术包括商品优化技巧、定价技巧、促销技巧、商品陈列技巧、新品供应技巧 5 个方面。

品类战术一般由企业的企划系统与销售系统共同制定。相比以往的管理模式，品类管理的品类战术更加具有灵活性和针对性。对于诸侯割据的中国本土市场，品类战术能让自下而上营销更为流畅。品类战术可针对局部区域计划出高效的产品组合、优胜的产品陈列、攻击力强的定价与促销、低投入的物流计划、快人一步的新品引进等。

品类战术主要包含 5 个方面，分别是商品组合、商品价格、商品促销、商品陈列和供应链的管理。品类战术的这 5 个方面关系密切（图 5-1)，任何一部分的缺失，会使整个品类管理的效果受到影响。同时这 5 个方面可以根据品类角色、品类策略进行自由拆分和组合。例如：作为品类战术的重要组成部分，商品价格战术同商品促销战术紧密相连。这是因为商品的价格定位，将直接影响到商品促销的力度和促销可操作空间。商品促销战术同时决定了商品货架陈列的原则。同时，商品促销战术也受供应链的需求预测和补货环节制约。

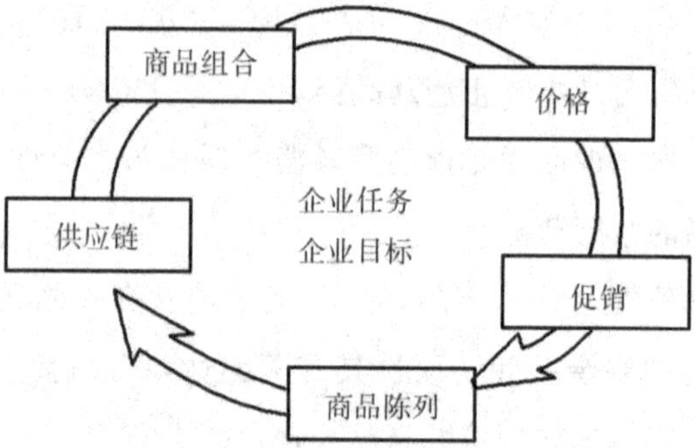

图 5-1

品类战术是品类管理步骤中真正落地的环节，因此，与前面 5 个步骤相比，品类战术具有更加重要的地位。品类管理的优劣往往通过品类战术在落地层面的实施效果得以体现。但是品类战术如何落地，同时与品类管理前面的五个步骤密不可分。这是因为，品类定义决定了品类管理范围，不同的品类角色决定了不同的品类策略，不同的品类策略决定了不同的品类战术运用。针对不同的品类角色，品类策略运用不同的品类战术进行管理。品类战术的使用将改变消费者对该品类的消费经历，同时影响到品类的业绩和门店的形象！

在品类战术的步骤中，品类经理需要对不同目标消费群体的地理、区域因素，消费者的消费心理，以及消费行为进行不同方式的筛选和组合，对不同类型、不同区域的门店运用不同的品类战术以吸引其目标消费群体进来购物。在变化迅速的零售市场中，品类经理需要有相应的工具来帮助他们可以迅速做出决策，并将所制定的战术可以持续实施下去。

第七节　品牌结构与品类结合手法

一、单一品牌策略

单一品牌策略又称统一品牌策略，是指企业将生产的所有产品全部统一使用一个品牌。如李宁公司的李宁（LINING）品牌、耐克公司的耐克（NIKE）品牌、阿迪达斯公司的阿迪达斯（ADIDAS）品牌等。企业使用单一品牌策略，使得品牌资产得到最充分的共享。

1. 单一品牌策略的优点

（1）新产品快速推向市场企业。在推出新产品的时候，利用现有品牌的良好信誉以及消费者对现有品牌的信赖和忠诚，消除消费者对新产品的猜疑，这样消费者比较容易接受新产品，新产品能够迅速地被推向市场。

（2）维持品牌形象和品牌个性的统一稳定性。在单一品牌策略下，从包装到广告到公关活动等品牌经营活动的全过程，企业采用同一个声音，集中力量塑造统一的品牌形象和品牌个性；与多品牌策略相比，可以使品牌形象和品牌个性更加突出、鲜明，避免消费者在认识上发生混淆，提升消费者认知的清晰程度。

2. 降低企业经营成本

这里的成本包括品牌设计费用、市场宣传费用、广告费用、品牌管理费用等。例如，荷兰的飞利浦公司生产的电视机、音响、计算机、灯泡、剃须刀等产品全部采用“飞利浦”这一品牌，它可以集中所有力量对“飞利浦”这一品牌进行宣传，而不必对不同类别的产品进行分散宣传。

3. 单一品牌策略的缺点

（1）株连风险。株连风险是指“一损俱损”的风险。如果某一品牌名下的某种产品出现了问题，导致该品牌在消费者心目中的地位、信誉度下降，那么在该品牌旗下的其他产品也会受到株连。

（2）消费者选择性差。单一品牌策略要求保持稳定的品牌定位、品牌形象、品牌个性，产品间缺少区分度，差异性小，这样不利于企业开发不同类型的产品，消费者无法进行针对性选择。

4. 单一品牌策略的运用

采用这种策略，企业必须具备两个基本条件：一是品牌必须在市场上已经具有较高的知名度、美誉度，具有较强的竞争力；二是不同产品要具有相同或类似的质量水平，否则会因某一产品质量差而影响整个品牌形象。

二、多品牌策略

多品牌策略是指企业同时经营或使用两个以上相互独立、彼此没有必然联系的品牌。例如，宝洁公司拥有日化领域的海飞丝、飘柔、潘婷、沙宣、玉兰油等多个品牌，通用汽车公司的不同类型产品分别使用 Chevrolet、BuickPontiac、Cadilac 等品牌。

1. 多品牌策略的优点

（1）提升市场份额。它可以根据功能、个性、价格的差异进行市场划分，向市场推出多个具有差异性的品牌，满足多层次、差异性需求，分别占领不同的细分市场，从而提高市场占有率或占领更多的市场份额。例如，宝洁公司的洗发液有 5 个品牌，分别为飘柔、潘婷、海飞丝、沙宣、伊卡露，5 种品牌的功能和诉求均不相同，分别对应于 5 个细分市场，从而使得宝洁公司的洗发液市场占有率超过 50%。

（2）有利于推出多种性能、用途差异极大甚至相反的产品。在使用同一品牌策略的情况下，品类分析的关键性因素与市场价值如果把卫生用品的品牌扩展到食品上，消费者从心理上来说就很难接受，因为产品之间的性能或用途差异太大。倘若分别使用不同的品牌，就不会产生不和谐的品牌联想。

（3）降低企业的经营风险。多品牌可以分散风险，在某品牌由于经营不善或是外部不可控因素而导致失败，得不到消费者的青睐时，还有其他品牌进行支撑，从而保持企业的稳定经营。如果某企业的某种产品只有一个品牌，抗风险能力就比较弱，一旦该品牌经营失败，那么企业可能失去该产品的整个市场地位。

2. 多品牌策略的缺点

（1）品牌运营成本高。每个品牌都有各自的细分市场，要分别进行市场宣传、广告、促销等活动，这样会造成营销资源分散，难以集中，因而需要较高的品牌运营费用。

（2）品牌之间可能形成过度竞争。企业开发多个品牌分别服务于不同的细分市场，满足不同的消费需求，有助于促进品牌间的良性竞争。但是，品牌间的边界有时很难绝对界定，不同品牌在定位、个性、功能方面会重叠，其结果是不同品牌的目标顾客存在交叉，它们为争夺市场往往会导致互相残杀，造成品牌之间的过度竞争。

（3）容易在消费者中产生混淆。多个品牌会呈现多种不同的风格，因而难以形成完整、统一、鲜明的企业形象，如果没有在产品上标明公司名称，消费者将无法判断产品到底是哪家公司生产的，脑海中会产生混淆或是混乱。

（4）新产品上市难度加大。新产品推向市场时无法得到成功品牌的帮助，消费者对新产品常常抱有怀疑态度，这就增加了新产品成功的难度。

3. 多品牌策略的运用

（1）从市场方面来看，要求消费需求差异性较大，且具有一定的市场容量消费需求的差异性是进行多品牌营销的基础和前提条件，如果没有差异化的需求，就没有多品牌营销，因为每个品牌针对不同的细分市场，有自己独特的个性和功能。例如，以服装为例，其细分标准和细分市场很多，以性别划分可分为男装和女装；而女装又可以以年龄划分，分为儿童装、少女装、青年装、中年装、老年装；女性中年装又可细分为休闲装、家居装、工作服等。用一个品牌去满足所有消费者的需求会比较困难，很多情况下也不可能，这就构成了服装产业进行多品牌营销的基础。市场容量大是企业采用多品牌策略的另一个重要的前提条件。如果市场容量比较小，那么细分市场的容量就更小，过少的目标顾客不能够为企业带来丰厚利润，甚至不足以支持多品牌营销的相关费用，当然也就没有必要应用多品牌策略。相对而言，食品、服饰、汽车、手表等生活消费品行业比较适合采用多品牌策略。

(2) 它们的市场空间通常都比较大。从企业角度来看，要求实力较强采用多品牌策略，对企业资金实力的要求较高，因为不同的品牌需要进行不同的市场宣传、广告、促销等活动，需要大量资金投入，一家没有雄厚资金作支撑的中小企业根本无法承受。多品牌策略对企业的管理能力要求也较高。企业进行多品牌经营，总是尽可能地在采购、生产、渠道、营销等方面做到资源共享，实现规模化经营，产生最大经济效益。但是，不同品牌之间又是一种竞争关系，如何对不同品牌进行协调是一件复杂而又具有艺术性的工作，没有较强的综合管理能力是无论如何办不到的。

三、主副品牌策略

主副品牌策略是指一个主品牌涵盖企业的系列产品，同时给不同产品起一个富有魅力的名字作为副品牌，以副品牌来突出不同产品的个性和形象，该策略也称为副品牌策略。例如，通用汽车公司在“别克”这一主品牌下就有“荣御”“君威”“凯越”“GL8”几个副品牌；海尔的冰箱产品，根据不同产品的特点，分别命名为“海尔·小王子”“海尔·帅王子”“海尔·画王子”。从本质上讲，副品牌策略仍然是一种品牌延伸策略，都是利用消费者对现有品牌的信赖和忠诚来推出其他新产品。它是介于单一品牌策略和多品牌策略之间的一种品牌策略，在具有两种策略优点的同时又在一定程度上规避了两种策略的不足。

（一）主副品牌策略的优点

1. 新产品易于被消费者接受

主品牌如果有较高的美誉度，为消费者所认可和信赖，副品牌可以搭载主品牌这辆便车，借助主品牌的市场声誉和力量，迅速赢得消费者的认可，从而在市场中赢得一席之地。比如“别克·君威”轿车，副品牌“君威”即“君临天下”，显示了一位成功人士享受生活的卓越境界，但消费者对“别克·君威”的认可、信赖乃至最终购买，主要是基于对别克的信任，因为别克作为一个轿车品牌，已在市场中建立了较高的知名度和美誉度。同时，在保持主品牌稳定性的前提下，通过副品牌体现产品的差异性，直观形象地表述产品的特点和个性，这样就可以实现同中求异，凸显个性之美。

2. 提高宣传费用的使用效率

副品牌一般不额外增加广告经费，采用副品牌后，企业仍以宣传主品牌为主，宣传副品牌为辅，广告宣传的重心仍在主品牌上，副品牌依附于主品牌联合进行广告活动。这样，既能够提高主品牌的影响力，又能够宣传副品牌下产品的个性和形象，扩大副品牌的传播面。可见，集中广告经费用于主副品牌的联合宣传，既可以节约广告成本，又能够取得较好的宣传效果。

3. 提升主品牌的影响力

副品牌可以强化主品牌的核心价值，拓展品牌联想，为主品牌注入新鲜感、现代感、时尚感、亲和力等，获得新的心理认同。也就是说，主副品牌策略运用得当反过来可以提升主品牌的影响力。如“健康快车”这个副品牌所张扬的童趣和对少儿健康的关注，增加了“乐百氏”这个主品牌在消费者心目中的分量和影响力。又如别克轿车，其新产品副品牌命名就非常有特色：别克·荣御的“大器天成”的副品牌定位与主品牌的“心静、思远、志在千里”一脉相承；别克·君威的“君临天下”则显示了一位成功人士享受生活的卓越境界；别克·凯越将一个成功者奋力爬坡的意识与生活形态表露无遗。三个副品牌代表了三层寓意和三重境界，但均与主要品牌的定位和个性保持一致，副品牌在自身发展的同时，也进一步提升了主品牌的市场影响力。

（二）主副品牌策略的缺点

1. 有主副品牌双输的风险

企业采用主副品牌策略的目的是让主品牌为副品牌提供背书功能，这样副品牌就能够凭借主品牌的光环，迅速打开消费者的心扉，同时促进主品牌形象的提升，最终实现主副品牌的双赢。反过来，一旦该策略使用不当，主要表现为副品牌的定位、形象、个性等与主品牌严重背离或是截然相反，就可能会形成双输的局面。主副品牌策略的运用不当有两种典型情况：一是高端向低端延伸，即主品牌是高端品牌，副品牌下的新产品是低端产品，这样不仅可能无助于新产品的销售，还会损害主品牌的声誉和形象。如凯迪拉克主品牌下的Cimarron副品牌不仅没有占领市场，反而使凯迪拉克的老顾客都嫌弃它，因为他们认为Cimarron副品牌下的车型与凯迪拉克这个主品牌一贯的权威形象不相吻合，结果造成一段时期凯迪拉克的销售量急剧下降。二是低端向高端延伸，即主品牌是低端品牌，副品牌下的新产品是高端产品。由于主品牌在消费者心目中的低端形象已经根深蒂固，他们通常不太愿意为低端形象的高端产品支付高价格。大众旗下的辉腾原本进入高端车市场，结果栽了个大跟头，其原因是当辉腾车贴上了大众标志后，就没有多少人会愿意花费巨资购买一款同桑塔纳、捷达等一般低端的豪华车了。

2．主副品牌策略的管理协同风险

企业采用主副品牌策略会增加很多副品牌，由此将产生副品牌的协同管理问题。因为在通常情况下，副品牌下的产品属于同一产品大类，倘若没有对副品牌下产品的功能、定位、个性等严格区分，就可能使得消费者产生错乱的感觉，不仅会造成副品牌之间的混战，还会给主品牌造成损害。

（三）主副品牌策略的运用

企业在运用主副品牌策略时，应注意以下几个方面的问题。

1．副品牌旗下的产品原则上属于同一品类

如果企业的产品属于不同的类型，就不宜使用统一的品牌，那样会使消费者产生心理冲突，弱化主品牌的品牌定位、形象和个性。如“雪佛兰”将产品线扩展到卡车和赛车领域后，消费者心目中的“雪佛兰是美国家庭轿车”的定位、形象就不再那么明晰了。

2．主副品牌的价值诉求必须一致

假如主副品牌的价值诉求不一样，就不宜采用主副品牌运作模式。如雀巢收购哈根达斯后，仍然让哈根达斯品牌独立运作，其原因在于，如果硬要将两个品牌捆绑在一起，会损害或模糊哈根达斯原有的价值诉求，破坏消费者对哈根达斯的情感。

3．正确处理好主副品牌间的关系

主品牌是副品牌的前提和基础，副品牌是主品牌的延伸，两者相辅相成、相互促进。但企业投入大量资源培育、宣传的应是主品牌，而不应是副品牌。

4．副品牌要与目标市场相吻合

副品牌所张扬的个性与卖点，要与其目标市场的关心点、需求点相吻合，这样才能快速、有效地俘获消费者的心。

四、联合品牌策略

联合品牌策略是指两个或两个以上品牌在资源共享、共担共赢的原则下，相互开放营销资源，实现优势互补、扩大销售、提升品牌竞争力的目的。

（一）品牌联合的优点

1. 产生名牌叠加效应

品牌联合的成功案例举不胜举。如“小天鹅”与“碧浪”的品牌联合，“碧浪”洗衣粉的包装上写着“推荐一流产品小天鹅洗衣机”，“小天鹅”在销售时向消费者赠送“碧浪”洗衣粉。“小天鹅”与“碧浪”都是著名品牌，它们有着共同的消费市场，因为洗衣机的顾客也是洗衣粉的用户，双方存在互补关系而不是竞争关系，这种不同行业的品牌联合使得品牌间相互支援和相互映衬，因而产生名牌叠加效应，达到双赢目的。又如，“腾讯”与“可口可乐”的品牌联合，“腾讯”进入了“可口可乐”的销售渠道，为“可口可乐”的消费者所知晓；“可口可乐”则利用腾讯大规模的网络社区和数量巨大的用户，传播其“年轻时尚”的品牌形象。

2. 提高投入产出效益

通过品牌联合，品牌间就能够共建和共享营销资源，这样就可以分摊营销资源平台的搭建、维护费用，提高投入产出效益。例如，小天鹅与宝洁就共建了广告平台，小天鹅的广告里出现了往洗衣机里倒入碧浪洗衣粉的镜头，碧浪则在洗衣粉包装袋上印上统一的小天鹅商标。品牌联合中任何一个品牌广告的出现，都使得广告受众能够接收到合作品牌的信息。

3. 降低或规避进入新市场的风险

对于跨国或者跨地区经营的品牌而言，对新市场不熟悉，通过与目标国或地区的当地知名品牌进行联合，就可以利用联合品牌的声誉、营销渠道、广告平台、经营经验等，成功的机会就会大增。同时，还会破除很多非关税壁垒限制。如美国麦斯威尔咖啡进入日本时就与日本品牌进行了联合，从而共享了日本各大连锁面包公司的渠道资源与客户资源，用较小的代价获得了巨大成功。再者，当企业推出新产品，或是本品牌尚未赢得消费者信任的时候，已经获得消费者认可的联合品牌就会提供一种保证，让消费者放心购买和消费。IBM、惠普等电脑制造商推出个人电脑（PC）时，就和英特尔（Intel）进行品牌联合，看中的就是英特尔奔腾处理器的质量和功能在个人电脑领域享有的良好声誉。当IBM、惠普等PC生产商在电脑上贴上蓝色的“内置英特尔芯片”的标志时，会极大地增强消费者购买的信心。

（二）品牌联合的风险

1. 文化差异冲突

联合品牌很多来自于不同的国家和地区，品牌拥有者的企业处于不同的社会文化环境中，员工的思维方式、价值观和行为规范等会存在差异，如果对差异不能进行有效的管理，联合品牌成员间就会形成冲突。

2. 利益冲突

联合品牌的打造和维护是一个长期的过程。在这个过程中，如果双方没有共赢的思想，过于看重私利，或是没有长远眼光，过分追逐眼前利益，合作过程中就会出现矛盾和冲突。

（三）品牌联合的运用

品牌间进行联合，成功与否的关键在于合作伙伴的选择及明确各自的权利和责任。

1. 双方的目标顾客尽可能相同

联合品牌的目标顾客相同，如均是儿童、年轻的职业女性、家庭主妇、成功的中年男性等，各自的品牌诉求都能得到彰显；反过来，倘若目标顾客不相同，品牌诉求就会南辕北辙，不仅不能获得叠加效应，还会产生负面影响。

2. 双方要有相同或类似的品牌形象和品牌个性

在选择合作品牌时，只限于知名度是不行的，品牌形象和品牌个性的匹配性也会对品牌联合能否成功产生重要影响。如果把不同气质的品牌强行黏合在一起，往往会造成消费者心理上的不认同甚至是抵触。如A品牌强调的个性是典雅精致，B品牌的个性是野性粗犷，这两个品牌进行联合，注定不会取得成功。

3. 明确合作双方的权利和责任

实践表明，品牌双方在合作时，由于考虑不周而没有明确双方的权利和责任，在合作的过程中出现了利益纠纷，就会对合作的效率大打折扣，甚至是不欢而散。为了保证不发生上述事件，品牌联合双方应该用契约的形式来明确双方的权利和责任。倘若经营环境突变，原先的契约已不符合现时状况，双方要尽快进行商谈，对原先契约条款内容进行修正。

五、品牌延伸策略

品牌延伸是指企业借助成功的品牌，不断推出新产品或服务，扩大品牌的市场覆盖面或延伸产品线。品牌延伸是企业快速发展的有效途径，但品牌延伸又是一把双刃剑，合理运用能够加快推进企业发展；反之，就会阻碍企业发展。

（一）品牌延伸的优点

1. 有利于新产品快速为消费者所接受

企业在进行品牌延伸时，新产品可以借助品牌的市场美誉度和知名度来赢得市场，也就是把消费者对品牌的良好印象和信任感转移到新产品上，这样可以避免消费者对新产品的防卫或是戒备心理，从而使新产品在短时间内迅速得到消费者的认可，占据市场一席之地。这样的事例数不胜数，例如，雀巢品牌由饮料延伸到纯净水，消费者在进行雀巢纯净水消费时，几乎没有任何情感方面的负面反应，如因为不熟悉而拒绝购买。

2. 满足多样化的消费需求

品牌延伸能够满足消费者多样化的需求，提升消费者的新鲜感。例如，美的从 1980 年进入家电行业生产电风扇起，发展至今，已将品牌扩展到家用空调、商用空调、大型中央空调、电饭煲、冰箱、微波炉、饮水机、洗衣机、电暖器、洗碗机、电磁炉、热水器、灶具、消毒柜、电火锅、电烤箱、吸尘器、小型日用电器等大小家电。这不仅体现了美的品牌的核心价值，丰富了品牌内涵，而且增多了美的的产品系列组合，在增强品牌活力的同时，也为消费者提供了更多选择。

3. 降低新产品市场开拓费用

由于消费者对品牌的信任，某品牌的消费者自然就很容易接受该品牌旗下的新产品，企业因而就能节省一笔庞大的广告费用和市场推广费用，从而减少企业的营销成本。

（二）品牌延伸的风险

1．损害品牌形象

企业在进行品牌延伸时，下面两种情况有可能损害品牌形象：一是品牌原来定位较高，而现在却将该品牌延伸到定位较低的产品上，从而损害原品牌的高层次、高品质形象。例如，早年的“派克”钢笔质优价贵，被视为高贵身份的象征。然而，1982 年美国新任总经理上任后，随意进行品牌延伸，将“派克”品牌用于每支售价仅仅 3 美元的低档笔，“派克”的高贵形象瞬间倒塌，其最终结果是丧失了相当部分的高档笔市场。二是进行品牌延伸时，往往众多延伸产品共享一个母品牌，只要有一种产品在市场经营中失败，就可能毁掉主品牌，从而导致该主品牌旗下的所有产品都会受到波及。

2．消费者产生心理冲突

企业在进行品牌延伸时，有时会忽略产品兼容性，将同一品牌用于多种不同类别的产品，而一旦产品间的用途相对立或是发生矛盾时，消费者就会产生心理冲突。我国的三九集团本以“999”胃泰药物生产起家，并很快打响了品牌，一时间消费者把“999”作为胃药的代名词。后来企业居然将“999”品牌延伸到啤酒上，通常消费者把“999”视为胃药，当喝起“999”啤酒时，不知道自己喝的究竟是酒还是药。再者，胃药保护胃的功能与啤酒伤胃的作用是相抵触的，这种品牌延伸会给消费者的心理带来混乱，使得消费者心理产生矛盾，其结果必然是消费者不愿接受新产品。

3．品牌定位模糊，品牌个性不一致或是稀释

一个品牌取得成功的过程，其实质是消费者对品牌定位、品牌个性、品牌特征的理解逐步固化的过程。稳定的市场定位、持续一致的品牌个性和品牌特征，是一个品牌特别是一个时尚品牌始终能够在目标消费者心中产生共鸣的重要保证。企业在进行品牌延伸时，倘若品牌定位或是个性跨度过大，容易使品牌脱离核心价值，模糊消费者对品牌的原始印象，使消费者产生疑惑，最终失去购买意愿。例如，乔治·阿玛尼是一个在时尚和奢侈品领域最受尊敬、最具知名度的品牌之一，乔治·阿玛尼在社会精英群体及时尚的细分市场里也进行品牌延伸。如今乔治·阿玛尼的品牌由一个主品牌和五个子品牌构成，这些品牌在不同的价格水平上满足不同的目标消费者。然而，阿

玛尼不仅跨越相同品类的众多细分区域而且也跨越了不同品类，品牌已经延伸到其他品类，比如阿玛尼之家（家具）、Dolci（糖果），以及阿玛尼之花（花卉）等。阿玛尼作为一种服装领域的时尚服饰，其排他性造就了该品牌及其产品的价值。由于阿玛尼品牌涉足众多产品，其品牌个性的清晰度已经受到相当大的挑战。我们确信，阿玛尼如果维持现在的状况或是继续进行品牌延伸，继续涉足不同市场和拥有众多产品组合，那么保持连续一致的、稳定的且能引发消费者共鸣的品牌个性，将是一个巨大的挑战。

（三）品牌延伸应注意的问题

1．不要严重偏离品牌的核心价值

品牌核心价值在本质上是指一个品牌在消费者心目中积淀下来的差异化印象及其象征意义，是品牌的个性、利益点和冲击力所在。品牌核心价值可以表现得比较具体，比如“质量优越”；也可能表现得比较抽象，比如“绅士行为”“优雅生活方式的代表”。核心价值是品牌与消费者之间建立起牢固关系的纽带，如果品牌延伸偏离了这些核心价值，就扯断了与消费者联系的纽带，消费者就不会认可，品牌延伸的目的自然也就无法实现。因为品牌归根到底是一个以消费者为中心的概念，其生命力或是影响力根植于消费者心里或是脑海中，存在于消费者的品牌体验中。偏离品牌核心价值的两种主要表现是品牌定位和品牌个性发生重大变化，这样的负面案例在前文已有论述。下面举例说明没有偏离品牌核心价值的品牌延伸的成功案例。例如，登喜路、华伦天奴等高档消费品品牌麾下的产品一般都有西装、衬衫、领带、T恤、皮鞋、皮包、皮带等，有的甚至还有眼镜、手表、打火机、钢笔、香烟等跨度很大、关联度很低的产品，但也能共用一个品牌。因为这些产品虽然物理属性、原始用途相差甚远，但都能提供一种共同的效用，即身份的象征、达官贵人的标志，能让人获得高度的自尊和满足感。这些品牌成功延伸的案例表明，品牌核心价值能包容表面看上去相去甚远的系列产品，只要它们的品牌定位与品牌个性保持相同或类似，原则上就可以进行品牌延伸。

2．新老产品之间要具有相似性和关联性

前文提过，倘若核心价值相同，不同类别的产品可以进行品牌延伸，如登喜路品牌的香烟、服装、香水等，它们同处于高档消费品市场。但反过来，倘若原产品与新产品的核心价值不相同，那么进行品牌延伸时，就要审慎考虑，原则上是要求新老产品之间具有相似性和关联性，这样，本品牌的消费者才会感觉自然、舒适、适宜，而不会感到牵强附会。例如，美的品牌的延伸集中在家电、电子领域，雀巢品牌的延伸集中在食品、饮料领域，它们都取得了成功。如果新老产品之间不具有相似性和关联性，品牌延伸便可能招致失败。如春兰品牌把产品从空调延伸到了摩托车，而摩托车与家电的关联性又不大，结果不仅使其失去了中国空调第一品牌的地位，而且在摩托车市场上也不如意；海尔由冰箱至空调、洗衣机等的延伸都得到了消费者的认可，但它进入医药行业时却遭到了失败。

3．避免引起消费者不良联想

有时，品牌延伸是处在同一行业，但由于其功能的截然不同而引起消费者不良联想，这样的延伸不但无法利用品牌的优势，而且容易削弱在消费者中间已经建立起来的美誉度。比较知名的案例就是由荣昌肛泰到荣昌甜梦口服液的延伸；雕牌由洗衣粉和超能皂到牙膏的延伸也让不少消费者难以接受，因为对前者的“强力去污”的联想与牙膏显然是有冲突的；三九胃泰到三九杀虫剂的延伸也容易让消费者产生反面的联想。

4．重视延伸品牌的质量

避免损害原品牌在消费者心目中的高质量形象，质量是品牌的本质，也是品牌的生命。这里所研究的品牌质量问题是指品牌延伸过程中的品牌质量问题。从企业来看，利润最大化的本性决定了企业千方百计地寻求扩展市场的捷径，而品牌延伸正是充分利用企业品牌优势资源来实现最大化利润的最简单、最自然、最迅速、最有效的途径。从消费者来看，一般的消费者往往会围绕着自身的利益去关注品牌的质量，选择这个品牌能否真正满足自己的物质和精神需要或生理和心理的需要。产品质量是品牌质量的内涵，如果新产品的质量有严重问题，那么品牌延伸必定会失败，而且同一品牌中的任何一种产品出现质量问题都可能会破坏整个品牌的声誉，甚至危及品牌的市场地位。所以，不能保证同一个品牌旗下的全部产品的任何延伸都能得到消费者的认同。为了有效地避免这种风险，企业有必要像创建品牌那样同样重视延伸产品的质量。

第八节 OTC企业在发展中常见品牌架构的问题

OTC品牌未来会成为市场上的稀缺资源，由于国内同质化产品非常多，在市场不断净化和零售终端不断集中的大趋势之下，我们将会看到产品供应会越来越集中，同时品类也将趋于减少，尤其是品牌企业供应商将成为未来终端稀缺的资源，“品牌产品高毛利”时代将会到来。

产品的经营是我们每个企业日常普通的行为和发展模式，但是品牌的经营将会对未来企业的发展甚至市场价值产生深远影响，品牌的形成一般是以十年为一个计量单位的，如果你认为打个广告，搞个传播就是建立品牌了，那是大错特错。传播仅仅是品牌拓展的一个路径而已，如果产品不能将品质和文化价值进行链接，那么构建的品牌只能是昙花一现。品牌的优化和品牌的维护是值得企业重视的一项工作，我们从传统的各种企业的品牌模型可以看得出来，有的是集团品牌带动，例如同仁堂；有的是产品品牌带动，例如西瓜霜。那么我们可以从每个企业的品牌经营上窥探出企业经营的理念，现在有些企业通过早些年的广告效应奠定了一定的品牌基础，随着营销业务的快速拓展，企业为了增加品类，采取了大面积贴牌行为，贴牌代工本身没有问题，但是我们在终端已经出现了一些诸如品牌稀释、产品质量等问题，经过终端的调查反馈主要还是聚焦在产品的有效性问题上，还有些企业在本厂生产和外厂代工的产品质量上有一定的差异。

我们知道建立一个品牌不容易，但是消灭一个品牌非常容易，因此我们发现市场上曾经红火一时的产品品牌有的已经淡出我们的视野，有的客户价值已经大大缩水，这和我们产品品牌内部文化动力和阶段性品牌架构的设计有着极其密切的关系。

任何的品牌架构都有成功的案例，因此我们不能把企业和产品泛泛而论（图5-2）。不过随着市场的不断发展和品牌优化的趋势，我们可以看到，树状结构（即一个企业根据客户人群建立不同品牌的方式）的品牌更适合未来市场的发展，过去的伞状结构（即一个大品牌为所有品类背书的方式）随着碎片化渠道的到来，也应该准备通过特定的品类来勾画树状品牌结构，尤其是大健康类产品。同一品牌下的不同品类的伞状结构，会随着市场的发展受到相应的挑战。这源于不同产品对品牌资产的稀释效应。

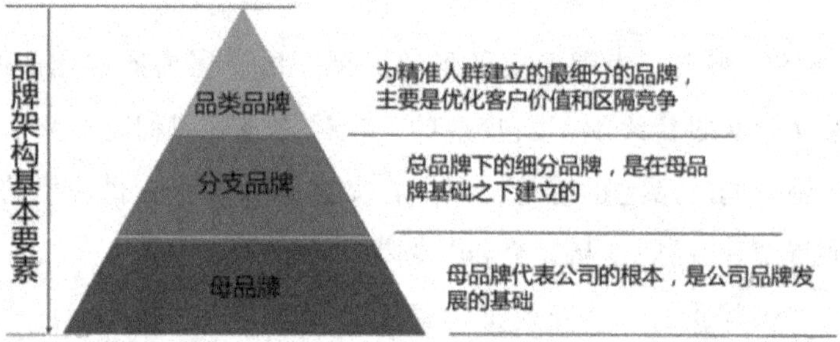

图 5-2

品牌的后面没有真相，只有客户对品牌本身的认知，药品的属性不同于其他产品，由于是标准化产品，从消费者角度来看，产品的功效评价基本上是一致的，品牌是区隔产品质量的重要因素，同时价格带的设计也在客户选择的时候会产生决定性影响（图 5-3）。互联网正在改变着世界，也在改变着以传统销售模式为主的医药营销格局，未来我们将迎来 AI 发展的大潮，因此，品牌生态的分化也即将开始，以生态圈建立的品牌将会越来越多，不同群体的品类品牌化也将越来越复杂。医药作为特殊商品也将会在新品牌营销的趋势下，开始新一轮的产品升级和品牌换代，迎来营销模式升级的关键时期。专业化营销，组织营销等新的营销方式也会改变着顾客会品牌的认知和对品牌的辨识习惯。

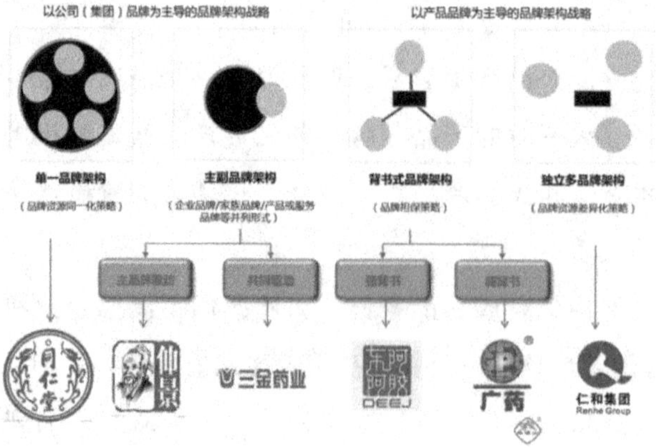

图 5-3

过去我们打造品牌的传统方式基本是产品定位、品牌定位、需求定位以及价格等位等几个维度来思考的，通过对不同维度的提炼来发掘产品的诉求点，然后再通过一些列的推广活动和传播工作，达到消费者教育的目的，从而形成对顾客的心智占领。现在不仅仅要有上述的思维，还要建立系统思考，具体表现在模式的思考和品类时机的把握，由于品牌的建立周期一般是按十年为一个计量单位来计算的，因此，产品的美誉度和附加值就会成为积累品牌资产的重要基础，如果没有这两项的积累，产品的复购率一定是低的，失去大量复购的产品想打造品牌几乎是不可能的。有的企业在一定时期将产品炒作得风生水起，过几年便销声匿迹了，在这里我们有必要增加一个认识，就是品牌和名牌的差别，有些产品仅仅是靠炒作有了一定的知名度，如果认真来分析，它充其量就是名牌。而品牌的内涵不仅仅包含了名牌的所有元素，它还是品质或品味的一个缩影。品牌与顾客的利益当中改变顾客的不仅仅是生理需求，还有心理需求。注重品牌内涵的打造和每位顾客体验场景的设计，才是搭建品牌体系的最好的方式。

第九节　品类分析的关键性因素与市场价值

一、医药市场需求预测

医药市场需求预测是指消费者在一定的市场范围内，一定的时期、一定的市场条件下，对某种产品可能消费的总量的预测。影响市场需求的因素有两大类：一是市场营销环境的外部因素，如政策法律、社会经济、文化、科技环境等不可控因素；二是企业营销组合因素，如产品的质量、价格、分销渠道、促销方式与策略等可控因素。医药市场需求的预测要根据不同的市场营销环境下，药品的功能、用法、用量以及人口的发病率等统计数据来进行。

二、商品供给预测

商品供给预测是指对一定市场范围内未来一定时期进入市场的商品资源总量与构成以及各种具体商品的市场可供量的变化趋势的预测。商品供给预测与需求预测结合起来，可以预见未来市场供需状况的趋势。对于医药企业而言，进行产品供给预测，一方面可以分析本企业在未来市场的供求状况，另一方面还可以预见同类产品竞争对手的供求状况，以便及时作出正确的经营决策。

三、市场占有率预测

市场占有率预测是指对一定市场范围内未来一定时期，医药企业产品的销售量在整个市场同种产品销售总量中所占比例的预测估计和分析。从市场占有率的增加或减少的预测中，可以判断出市场需求、市场竞争以及企业经营发展的状况，进而采取相应的市场竞争策略，确保企业的经营更具前瞻性。在市场需求量一定的情况下，企业产品的销售量大小主要取决于产品的市场占有率。市场占有率高，销售量就大，反之，销售量就小。影响医药企业市场占有率高低的因素主要取决于医药企业自身市场经营的条件和竞争对手的生产经营能力。因而，在预测企业未来销售前景时，必须对市场占有率的变化趋势作出预测。

四、产品发展预测

产品发展预测是对企业未来产品品种经营发展方向的预测。它是企业制订产品经营计划的重要依据，主要包括以下三方面。

1. 现有产品生命周期的预测

这是对与医药企业产品有关方面的科学技术的发展进行预测，如新材料、新工艺的发展以及新的替代品的出现等。

2. 新产品发展前景的预测

如预测新产品的研发方向，消费者对新产品的期望，新产品上市后的销售量和市场需求潜量等。

3. 产品资源变动趋势的预测

如预测产品现有社会生产能力、产品总量、进出口量、储备状况的变化，影响产品市场总量与质量的人力、物力、财力资源以及原材料、基础设施因素的变化等。此外，医药市场预测还有产品的成本与价格预测、消费结构与消费倾向预测等。

五、医药市场细分的定义与意义

1. 医药市场细分的定义

市场细分又称市场细分化、市场分割、市场面划分或市场区隔，它是指营销者通过市场调研，依据消费者（包括生活消费者、生产消费者）的需要与欲望、购买行为和购买习惯等方面的明显差异性，把某一产品的整体市场划分为若干个消费者群（买主群）的市场分类过程。所谓医药市场细分就是指按照消费者对医药产品的需求、购买行为、习惯等的差异性，把一个总体市场划分成若干个具有共同特征的子市场的过程。分属于同一医药产品细分市场的消费者，他们的需要和欲望极为相似；分属于不同细分市场的消费者，对同一产品的需要和欲望存在着明显的差别。

2. 医药市场细分的理论基础

消费者需求的差异性是医药市场细分的前提条件，也就是异质市场的存在。必须指出的是，细分市场不是根据药品品种、系列来进行的，而是从消费者的角度进行划分的。从需求的角度可以将产品市场分为同质市场和异质市场。同质市场指消费者或用户对某一产品的需求、欲望、购买行为以及对企业营销策略的反应等方面具有基本相同或极为相似的一致性，如药品中某些原料药市场就属于这一类。只有极少部分产品（主要是初级产品）的市场属于同质市场，显然，同质市场无须细分。但是，绝大多数产品的市场都是异质市场，即消费者或用户对某类产品的质量、特性、规格、档次、花色、款式、结构、价格、包装等方面的需要与欲望是有差异的，或者在购买行为、购买习惯等方面存在着差异性，且不易改变。如医药市场中，有的消费者习惯用西药，有的较依赖中药。也正是消费者需求的差异性才使医药市场细分具有可能性和必要性。同质市场与异质市场不是绝对的和一成不变的，随着科技的进步、社会消费水平的提高以及价值观念的改变，一些同质化产品也在向异质化产品转化。如果只承认需求的差异性，细分也是无法进行的。因为这样医药企业就要面对每个个体消费者，分别满足他们的需求，进行一对一的营销，事实上这是很难做到的，也是没有必要的。因此，医药市场细分的过程实质是异中求同。可以说，只有当社会经济进步、人们生活水平提高、顾客需求呈现出较大差异时，细分市场才成为企业在营销管理活动中亟待解决的问题。另外，有一点必须指出：市场细分并不意味着把一个整体市场加以分解。实际上，细分市场不仅是一个分解的过程，也是一个聚集的过程。所谓聚集的过程，就是把对某种产品特点最易作出反应的消费者集合成群。这种聚集过程可以依据多种标准连续进行，直到寻找出其规模足以实现企业利润目标的某一个顾客群。

3. 医药市场细分的意义

医药市场细分在整个市场营销活动过程中发挥着关键性作用，是医药营销的核心环节。医药市场细分的作用具体表现在以下几个方面。

(1) 有利于医药企业发掘新的市场机会。通过医药市场细分，企业可以对每一个医药细分市场的满足程度、购买潜力、竞争情况等进行分析对比，可以了解到不同顾客群体的需求情况，发现尚未或没有被充分满足的消费需求，并根据竞争者的市场占有情况来分析市场未被满足的程度，探索出有利于本企业的市场机会，使企业及时根据本企业的条件编制新产品开拓计划，掌握产品更新换代的主动权，开拓新市场，夺取优势地位。这一作用在中小型医药生产和经营企业中尤为突出。

(2) 有利于医药企业规划市场营销方案。帮助医药企业制定市场营销组合策略：子市场是由具有相同或相似的需求、购买行为、购买习惯的顾客群组成的。通过市场细分，企业可以了解到目标市场需要什么样的产品；可以更好地了解子市场中的消费者能够并愿意付出的价格；并获取该类医药产品的铺货渠道，如有的消费者习惯在药店买药，而有的消费者习惯在医院开药；企业也可以从中了解不同的促销手段对他们的影响，并以此作为企业制定各种营销策略的依据。帮助医药企业确立准确的产品概念及产品定位：企业在医药市场细分的基础上了解消费者的需求及他们所追求的利益，可以有针对性地开发产品，并用消费者理解的语言表述出来，形成准确的产品概念；同时，将这种概念通过各种营销手段传递给消费者，使消费者正确地理解企业的产品能为其带来的区别于竞争对手的利益，即对产品进行定位。有利于医药企业更好地满足消费者的用药需求，减少资源的浪费：现代市场营销学的核心就是满足目标群体的需求。通过医药市场细分，医药企业才能更准确地了解不同细分市场中消费者的用药需求，并有针对性地去满足。并且，在较小的细分市场即子市场上有针对性地开展营销活动，增强市场调研的针对性。市场信息反馈快，医药企业易于掌握市场需求的变化，并迅速准确地调整营销策略，取得市场主动权。当市场中越来越多的医药企业奉行市场细分策略时，产品就会日益多样化，消费者的需求就会得到更好的满足。任何一个医药企业的人力、物力、资金都是有限的。在市场细分基础上的营销，可以使医药企业扬长避短，有的放矢，将有限的资源用在最适当的地方，发挥最大的效用。

（3）有利于医药企业对未来业绩的预测。细分后的子市场范围更为明确，需求的特点也更易为医药企业所掌握，因此企业可以更准确地预测市场的规模及其变化，有利于企业预测未来的经营业绩。市场细分的作用越来越被医药企业所重视。但必须指出的是，市场细分的目的是发现市场机会，而不是为细分而细分，不是分得越细越好，因为市场细分的最大问题就是有可能增大市场成本和推销费用。医药企业为了满足不同细分市场的需求，要开发生产多种产品，并分别采取不同的分销渠道及促销手段，这都会促使成本增长，规模经济效益变小，因此医药市场细分必须适度。

六、医药市场细分的标准

医药市场细分有着不同的标准和方法。医药市场细分的作用能否得到充分发挥，往往取决于医药企业采取什么方法对整体市场进行划分，划分的标准是否合理有效。消费者市场与生产者市场由于其影响因素的不同，市场细分的标准也不一样。

1. 消费市场细分的标准

由于引起消费者需求差异的因素是多样的，因此医药市场细分也包含许多变量，不同的产品、不同的企业都各有不同。就消费者市场而言，这些影响因素，亦即细分变量，归纳起来一般有以下几种。

（1）地理因素细分：按照消费者所处的地理位置、自然环境来细分市场称为地理因素细分。具体变量包括国家、地区、城市、乡村、城市规模、人口密度、不同的气候带、不同的地形地貌等，处在同一地理环境下的消费者的需求与偏好往往具有相似性。

地区：如根据地理位置可将国际市场细分为亚洲、欧洲、美洲、非洲等，国内市场分为东北、华北、华东、中南、西北、西南等。城市与农村：城市与农村市场在用药常识、用药习惯、购买能力等方面都存在明显的差异。人口密度：人口密度与市场规模有着直接的联系，这一变量对常用的OTC药品经营企业的市场细分很有意义。

人口的地区间流动：这一因素既影响了医药产品需求的总量，又改变了需求结构。对于人口流动较多的地区，不仅用药需求总量会增长，且外来人口通常是没有医疗保险的，因而这部分人大多选择在药店购买药品。气候：由于气候的差异，疾病的发生情况有很大的不同，如寒冷地区和炎热地区居民的用药倾向不同。地理因素是一种静态因素，易于识别和分辨，是细分市场应给予考虑的重要因素，但处于同一地理位置的消费者的需求仍会有很大差异。比如在中国的一些大城市，如北京、上海，流动人口逾百万，这些流动人口本身就构成了一个很大的市场，很显然，这一市场有许多不同于常住人口市场的需求特点。所以，简单地以某一地理特征区分市场，不一定能真实地反映消费者的需求共性与差异，医药企业在选择目标市场时，还需结合其他细分变量进一步细分市场。

(2) 人口与社会经济因素细分：按照人口统计因素来细分市场称为人口细分。人是市场营销活动的最终对象，也是造成市场需求差异的本质性的原因。这方面的具体变量很多，包括年龄、性别、职业、收入、教育、家庭人口、家庭生命周期、国籍、民族、宗教、社会阶层等。人口统计变量比较容易衡量，有关数据相对容易获取，因此，企业经常以它作为市场细分的依据。由于医药产品的特殊性，医药产品市场细分的人口因素既包括消费者的特征，也包括医生的特征。一般OTC药品市场的细分以消费者为中心，处方药市场的细分以医生为中心。这里需要指出的是：尽管OTC药品无须医生处方即可购买，但是OTC药品毕竟是用来治病救人的，由于药品知识的专业性较强，而且不是一种普及性知识，所以消费者在购买和使用时，会十分关注专业人士如医生、药剂师等人的意见。据美国某医疗保健咨询公司的一份调查，约有一半患者会根据医生的建议使用OTC药品，医生处方中的OTC药品对患者以后自己选择用药时也有着重大影响，因此对 OTC 药品的市场细分也应考虑医生的因素。

年龄：由于生理、生活方式、价值观、社会角色、社会活动等方面存在差异，不同年龄的消费者必然会有不同的需求特点。一方面，不同年龄段的疾病谱有很大差异，如高血压、骨质疏松症为中老年人的多发病，而在少年儿童中较为多见的是近视眼、多动症等；另一方面，不同年龄段的消费者的社会经历、价值观等都不同，其对药品的选择也有很大差异，如年轻人喜欢时尚、不在意价格、易受广告影响、易产生购买冲动；而老年人购买药品时通常以经济、方便为首选条件，他们有充裕的时间反复挑选的消费特点。在利用年龄这一细分变量进行细分时，还应注意到人口老龄化的趋势。预计中国人口老龄化将于 2040 年达到高峰，这一点对于保健食品和治疗某些老年性疾病药品的市场细分尤为重要。

性别：由于生理上的差别，男性与女性在产品需求与偏好上有很大不同，如戒烟产品通常针对男性设计，而减肥产品通常都是针对女性消费者的需求设计的。

购买者的支付方式：随着中国医疗体制改革，公费医疗已被逐步取消，然而医疗保险制度还不完善，购买者有的是医保支付，有的选择现金支付。因为医保支付既受到医疗保险用药范围的限制，又会受到渠道限制，其购买行为与现金支付者会有不同。

购买者受教育程度：购买者受教育程度不同，其价值观、文化素养、知识水平也会不同，这会影响他们对药品种类的选择和购买行为。受教育程度较高的人获取药品知识的能力较强，自我保健意识也较强，因此其购买行为会相对较理性；受教育程度较低的人购买行为受他人和广告的影响较大。

购买者的收入：收入是引起需求差异的一个直接而重要的因素，因为只有既有购买欲望又有购买力的人才能构成一种药品的市场，而购买力在很大程度上是由收入决定的。消费者收入水平直接影响市场的大小和消费者的支出模式，如高收入者对保健食品的需求会多于低收入者。AH 统计因素是企业细分市场的重要而常用的依据，取得各种变量的资料也较容易。但消费者对许多产品的购买并不单纯取决于人口统计因素，而是同其他因素特别是心理因素有着密切关系，例如以青年人为主的减肥产品，老年人也喜欢购买，因为他们希望自己显得年轻而有魅力。可见，心理因素也是市场细分必须考虑的因素。

（3）心理因素细分：按照消费者的心理特征来细分市场称为心理细分。心理因素十分复杂，包括生活方式、个性、购买动机、价值取向以及对商品供求局势和销售方式的感应程度等变量。生活方式：生活方式是指人们对工作、消费、娱乐的特定的习惯和倾向性。不同的生活方式会产生不同的需求偏好。虽然不同生活方式的形成源于物质世界（环境和条件等），但直接的成因与人们的主张、个性、兴趣、人生价值取向等心理特征密切相关。购买动机：人的行为是受动机支配的。有的购买者的目的是治疗，有的是保健，而有的是馈赠。例如“曲美”是针对保健市场的，“脑白金”就是针对馈赠市场的。购买者及处方者的个性：个性是指一个人比较稳定的心理倾向与心理特征，它会导致一个人对其所处环境作出相对一致和持续不断的反应。通常，个性会通过自信、自主、支配、顺从、保守、适应等性格特征表现出来。如个性保守者通常不愿做新的尝试，很难接受新药。态度：态度是指一个人对某些事物或观念长期持有的好与坏的认识上的评价、情感上的感受和行动的倾向。根据人对药品的需求及治疗作用所持态度不同可以分为踏实者、寻求权威者、怀疑论者和抑郁者。寻求权威者更相信医生的处方；怀疑论者对药品的效果有所置疑，很少用药；踏实者追求方便、有效的药品；抑郁者极关注自己的健康，稍有症状就找医生或自行购药。

（4）购买行为细分：根据消费者不同的消费（购买）行为来细分市场称为购买行为细分。行为变量能更直接地反映消费者的需求差异，因而成为市场细分的最佳起点。购买者和处方者的品牌偏好程度：有些购买者和处方者经常变换品牌，也有一些购买者和处方者则在较长时期内专注于某一个或少数几个品牌。对有品牌偏好的购买者和处方者推广新药是很困难的。购买的决策权：由于药品的特殊性，购买者本身很大程度上并没有决策权，而医生才是真正的决策者，这尤其表现在处方药的购买和使用上。对于OTC药品，除了医生会影响购买者的行为外，营业员也是很重要的影响人。患者和处方者的用药频率：如糖尿病患者的用药频率较高，骨科医院对于跌打类药物的处方频率也很高；而健康人群对于处方药物的使用频率不会很高等。购买渠道：指根据消费者获取药品的渠道细分，可以分为医院购买、药店购买及OTC药品的网上购买等。

（5）受益细分：根据消费者追求的利益不同来细分市场称为受益细分。由于消费者各自追求的具体利益不同，可能会被某种产品的具有不同特征或特征的变异产品所吸引，因而可以细分为不同的消费者群。就是说，这里的一个细分市场不是根据消费者的各种特点，而是在一种产品提供什么特殊效用、给购买者带来什么特定利益的基础上开发出来的。一个典型的例子是抗感冒药的市场细分，根据受益细分，抗感冒药市场显示出4个主要的细分市场，即存在着特别关心疗效、格外关注是否嗜睡、强调低副作用、注重经济实惠这4个消费群体。进行受益细分关键在于调研掌握消费者在一类产品上追求的多种多样的预期利益。为此，细分活动要从调查一种产品的现有用户和潜在用户开始。调查的方向是他们使用各种品牌的这种产品得到了哪些益处，现有产品还欠缺哪些益处，什么样的产品特性可能被认为最能密切地和一种益处或一组连带的益处联系起来。然后，使自己生产的产品相应地突出紧密联系着某种（组）益处的某一特性或者生产不同型号的一组产品，每种突出一种特性，并借助适当的广告宣传手段，反复宣传这些特性，最大限度地吸引某一消费者群或几个不同的消费者群。可见，这种调查分析不仅是企业进行受益细分的基础，对于以这种细分为起点制定整个市场营销组合方案也是极为重要的。

2. 产业市场细分的标准

在消费者市场的细分变量中，除人口因素、心理因素中的某些具体变量如生活方式等以外，相当一部分同时可以用作细分产业市场的标准。但是由于产业市场具有不同于消费者市场的若干特点，因而，有必要对细分产业市场的主要标准进行一些补充讨论。

（1）用户行业：某类行业市场往往具有同类性质的需求，因此可以作为生产者市场的细分标准。例如中国零售药品销售结构与医院用药结构差异较大，大多数高价进口、合资企业生产的药品主要通过医院药房销售。按行业特点细分市场，使目标市场更加集中，容易分析研究市场的变化，及时掌握市场动态，有助于节省企业的研制和开发支出以及节省促销宣传费用。

(2) 用户规模：用户的规模也是细分产业市场的重要依据。在产业市场，大量用户、中量用户、少量用户的区别，要比消费者市场更为明显。大客户数量虽少，但采购额很大，它们的采购量会占到销售额的30%～50%，有的甚至高达80%以上；小客户则相反，数量虽多，采购量并不大。用户的规模不同，企业的营销组合方案也应不同。例如药品批发企业对大型医疗机构的集中招标，宜直接联系，直接供应，销售经理亲自负责；对零售药店或消费者，则宜使产品进入商业渠道，由批发商甚至零售商去组织供应。这样的思路，对于医药的生产企业、商业企业都是适用的。

(3) 用户地理位置：任何一个国家或地区，由于自然资源、气候条件、社会环境、历史传承等方面的原因以及生产的相关性和连续性的不断加深而要求的生产力合理布局，形成若干产业地区，如中国东北地区、西藏高寒地区、西南地区，因其地理位置、气候条件的不同，成为了不同中药材的主产区，如东北的老山参、西藏高原的雪莲等，这就决定了产业市场比消费者市场更为集中。企业按用户的地理位置细分市场，选择用户较为集中的地区作为自己的目标市场，不仅联系方便，信息反馈快，而且可以更有效地规划运输路线，节省运力与运费。同时，也能更加充分地利用销售力量，降低推销成本。上述可见，用户行业、规模、地理位置是产业市场细分的3种主要形式。同消费者市场细分一样，许多企业也往往根据需要将多种细分变量组合在一起作为细分产业市场的依据。

七、医药目标市场的选择

（一）评估细分市场

对于一个企业而言，由于资源条件的限制，并不一定有能力进入细分市场中的每一个子市场，也不是所有的子市场都有吸引力，这就要求我们首先对细分后的子市场进行评估。在评估不同细分市场时，企业必须考虑两个因素：细分市场的吸引力、企业的目标和资源。

1. 细分市场的吸引力

如果一个细分市场只是拥有足够的规模和增长前景，而无利可图，实际上没什么吸引力，企业把它作为目标市场的可能性不大。细分市场的吸引力也是企业进行细分市场评价极为重要的方面。细分市场的规模及其发展潜力：一个细分市场是否具有适度的市场规模和发展潜力，是企业在决定进入该市场与否前首先应考虑的因素。没有足够的销售量就无法构成现实的市场，难以保证合理的盈利水平，也就无法成为目标市场。分析市场规模既要考虑现有的水平，又要考虑其发展潜力，以保证企业有长期稳定的发展前景。市场规模大小是相对的，应根据企业的实力选择适当的规模。所有的企业都希望扩大销售和增加利润。细分市场是否具有发展潜力，是否能保持一定的增长率，也是十分重要的。如果一个细分市场仅有适度规模，而缺乏增长潜力，那这个市场很容易进入饱和状态，企业的获利和进一步发展将受到限制。细分市场的盈利性：有适当规模和成长率的市场若缺乏盈利性同样不能成为目标市场。著名管理学家迈克尔·波特认为，决定一个市场长期盈利的潜力因素有5个：行业内部竞争、潜在竞争者的威胁、替代品的威胁、客户购买能力和供应商的议价能力。行业内部竞争：如果某细分市场存在大量的实力强、竞争意识强的竞争者，竞争会相当激烈。这种细分市场一般供应能力大、竞争者投资大、竞争成本高。如果要打入这类市场，价格战、促销战、渠道争夺战不可避免，而且需要不断推出新产品来支持竞争，企业打入市场、稳住市场的代价会很高。反之，如果细分市场竞争程度不算高，则会对企业有利。潜在竞争者：具有某种价值的市场，会吸引一些新的竞争者。新的竞争者越多，市场生产能力越大，市场的投资越大，对市场占有率的争夺越激烈，细分市场的吸引力就会大大下降。另外，细分市场进入和退出的壁垒也对细分市场的吸引力有很大影响。有代表性的情况是以下四种：第一，进入难度大而退出难度低。这类市场一般报酬高且稳定，进入难度可抑制新竞争者加入，对本企业最有利。第二，进入与退出的难度均大。这类市场报酬高风险大，进入难度虽可抑制新的竞争，但对本企业而言进入后的高风险也常常存在威胁。第三，进入和退出的难度均低。这类市场报酬低且稳定，对竞争者和本企业来讲吸引力都一般。第四，进入难度低但退出壁垒高。这类市场报酬低且有风险，吸引力不够。替代产品：细分市场的产品替代情况也对市场吸引力有很大影响。替代产品的营销必然会对市场上原有产品的价格、利润率和增长率有负面影响。企业应密切注意细分市场有无替代品或有无潜在替代品威胁。顾客购买能力：这里主要是指顾客的议价能力、对产品质量和服务的要求程度、顾客集中程度、顾客购买转换成本较低等给企业带来的营销难度威胁。对企业来讲，这种威胁越小，细分市场就越有吸引力，反之则相反。供应商议价能力：如果供应商的产品属于卖方市场性质，该细分市场的吸引力将下降，因为供应商在交易中始终占有主动地位，很大程度上限制本企业营销，降低本企业收益，且使不稳定性增强。

2. 企业的目标和资源

企业需要考察的另一个方面是：①企业现有的人力、物力、财力资源能否满足细分市场的需求；②对细分市场的投资是否符合企业的长远目标。有些细分市场规模大，有较大的吸引力，但不符合企业长远目标和资源条件，因此不得不割爱。例如一家生产一般保健食品的中小型企业面对减肥药市场，不得不放弃，因为其经营目标是通过较少投资获得稳定的、不太高的利润，如果改变经营定位，选择进入减肥药市场，企业可能会无力添置新的生产设备，聘请专家突破目前的科研瓶颈，资金也很难筹集到。此外，即使企业具备了必要的实力，选择该细分市场开展工作，还应考虑企业能否在市场上发展其优势，形成稳固地位，否则不应贸然进入该细分市场。

3. 注意成本问题，防止谬误

市场细分并非万应灵药，并非有百利无一弊，也不是对所有企业都有效。在评价和选择细分市场时，还应注意以下方面。市场细分的最大问题是有可能增加生产成本和推销费用，这是因为细分化能塑造或推动市场需求更具多样性，从而增加了产品的复杂性。而差异化的产品增多，小批量生产，多品种推销，意味着规模效益较小。所以，应当把握住市场细分的层次，适可而止，以确保市场细分带来的利益超过因细分化而增加的投入。有些市场事实上难以细分或没必要细分。一个市场可能没有足以辨别的特征来加以细分，也可能由于市场过小而不能进行殷实性的细分。在有些情况下，大量用户已经占有销售量的很大部分，以致他们是唯一恰当的目标市场，再对他们进行细分对企业营销来说反而是有害的。实施市场细分化策略要记住的另一点是应力求避免“多数谬误”。一个企业只应进入具有相当规模、足以实现其利润目标的细分市场。如果一个企业总要以最大和最易进入的细分市场作为它全力以赴的目标市场，而竞争者们也遵循同一规律行事，就会出现“多数谬误”：大家共同争夺同一个顾客群。其弊端不言自明，会严重影响营销企业的经济效益，众败俱伤；会造成社会资源的无端耗费，也不能满足本来有条件满足的其他多种多样的市场需求。简单的道理在于：大家都挤到一条船上，是会翻船的。由于消费需求、购买行为的多样性，从理论上讲，一个市场可以依据不同的细分变量一个层次、一个层次地细分下去，也可以极端地说：除非你只卖一个品种，只有一个顾客，否则就有市场细分问题。而在实践中，考虑到规模效益，不能将市场分得过细。当发现细分市场过细带来不利影响时，就应当实施“反细分化”策略：减少细分的数目，亦即略去某些细分市场，或者把现存的几个细分市场集中在一起。成功的反细分化能够扩大产品的适销范围，降低过高的生产成本和推销费用。

（二）医药目标市场选择的模式

企业在对不同的细分市场评估后要选择目标市场，常见的进入目标市场的模式有五种。

1. 产品一市场集中化

指用一种产品占领一个细分市场，企业的产品和服务对象都集中于一个细分市场。这种模式可以使企业更了解该细分市场的需要，进行专业化的市场营销。但这种模式的风险较大，一旦这一细分市场不景气或有强大的竞争者出现，就会使企业陷入困境。较小的企业通常采用这种策略。

2. 产品专业化

即企业同时向各类顾客供应某种产品，当然，由于面对不同的顾客群，产品在档次、质量或款式等方面会有所不同。采用这种模式的企业通常使用相似的产品、不同的品牌。这种模式有利于企业在某类产品方面树立良好的形象。但同样也存在潜在的风险，当同类产品中出现全新的替代产品时，企业会面临巨大的冲击。

3. 市场专业化

企业生产不同的产品以满足某一特定顾客群体的需要，即面对同一市场生产不同的产品。采用这种模式，企业专门为特定的顾客群体服务，与这一群体建立长期稳定的关系，并树立良好的形象。如一家生产某种药品的医药企业专以大中型医院为目标市场，根据它们的需要提供100毫克、500毫克和1000毫克的某药品，以满足这些医药不同部门（如药房、病房等）的需要。

4. 选择专门化

企业在市场细分的基础上，有选择地进入若干细分市场，针对每个细分市场提供不同性能的同类产品与服务。通常企业所选择的这些细分市场之间很少存在联系。采用这种模式可以分摊企业的风险，一个细分市场的失败基本上不会影响企业的整体利益，但这种方式要求企业有较好的资源及营销能力。在采用这种模式时应避免贪多，不是选择目标市场越多越好，因为这样会分散公司的资源。所选择的目标市场的共同特点应是有吸引力并符合公司的要求。

5. 全面涵盖

全面涵盖即企业决定全方位进入各个细分市场，为所有顾客群提供他们各自需要的有差异的产品。是一些大企业为在市场上占据领导地位或力图垄断全部市场时采取的目标市场范围策略。这种方式既可以采用差异化营销，也可以采用无差异营销来达到这一目标。只有大公司才能采用这种模式，如美国宝洁公司。

（三）医药目标市场选择策略

企业选择进入目标市场的模式不同，目标市场的确定范围不同，所采用的营销策略也就不同。企业可选择的目标市场策略有3种：无差异策略、差异化策略和集中性策略。

1. 无差异策略

无差异策略是指企业把一种产品的整体市场看作一个大的目标市场，营销活动只考虑消费者或用户在需求方面的共同点，而不管他们之间是否存在差异。因此，企业只向市场推出单一产品，采用一种市场营销组合，通过无差异的大力推销，吸引尽可能多的购买者。无差异策略的主要优点和立论基础是其成本的经济性。以单一产品满足整体市场，生产批量较大，可以实现规模生产，降低单位产品的生产成本；单一的促销方案可以节省促销费用；单一的渠道可以节省渠道成本；单一品种可以减少储存量，节约存货成本；

不进行市场细分还可以减少制定市场营销组合策略的人、财、物、市场调研、新产品研制等方面的投入。其次，无差异策略可以使消费者建立起超级品牌的印象。但是，无差异策略对大多数产品并不适用，对于一个企业来说一般也不宜长期采用。首先，随着经济的发展和消费者收入的提高，消费者需求的差异性日益增强，个性化需求时代已经到来，而无差异策略恰恰忽略了这种差异性；其次，如果同一市场中众多的企业采用这一策略，就会加剧整体市场的竞争，造成两败俱伤；再者，采用这一策略的企业反应能力和适应能力较差，当其他企业提供有特色、有针对性的产品时，企业容易在竞争中失利。正是由于这些原因，无差异策略主要适用于具有广泛需求和大批量需求，企业也能够大量生产、大量销售的产品。药品中的原料药即具有这样的特点，可以采用这一策略，只有这样，无差异策略的优点即成本的经济性才能体现出来。早期的可口可乐公司是世界上奉行这一策略的最成功的代表。

2. 差异化策略

差异化策略是以市场细分为基础的市场策略，采用这种策略的企业把产品的整体市场划分为若干细分市场，从中选择若干细分市场作为自己的目标市场，并针对每个细分市场生产不同的产品，采取不同的市场营销组合方案。采用这种策略的企业一般都具有多品种、小批量、多规格、多渠道、多种价格和多种广告形式的营销组合等特点，以满足不同细分市场的需求。差异化策略的优越性表现在以下几个方面：第一，有针对性的营销活动可以更好地分别满足不同顾客群的需求，提高产品的竞争能力，有利于企业扩大销售总量，提高市场占有率，获得规模经济效应；第二，可以降低企业的经营风险。由于细分市场之间的关联性不大，一个产品市场的失败，从短期上看基本上不会威胁到整个企业的利益；第三，有特色的产品及其营销策略可以提高企业的整体竞争力；第四，一个企业在多个细分市场取得良好的效益后，可以提升公司的整体知名度，有利于企业对新产品的推广。但我们必须看到，这一目标市场策略并非任何企业、任何时候都可以采用。差异化策略同样有其局限性，它的不足之处主要是成本较高。由于生产的品种多、批量小，单位产品的生产成本提高；市场调研及新产品开发成本、存货成本也会相应提高；多样化的营销策略使渠道、广告成本都增加。随着生产力水平的发展，生产规模的扩大，企业之间的竞争日益激烈；同时人们收入水平的不断提高，消费者的需求日益多样化，差异化策略被越来越多的企业所接受和采用。宝洁公司是奉行这一策略的成功代表，然而并不是所有的企业都适宜采用。采用这一策略的企业通常要求有较雄厚的人力、物力、财力资源，有较高的技术水平、设计能力及高水平的经营管理人员。

3. 集中性策略

集中性策略是指企业不是面向整体市场，也不是把力量分散使用于若干细分市场，而是集中力量进入一个细分市场（或是对该细分市场进一步细分后的几个更小的市场部分），为该市场开发一种理想的产品，实行高度专业化的生产和销售。集中性策略与无差异策略的不同在于：无差异策略是以企业所选择的数个或整体细分市场作为目标市场，而集中性策略不是面对整体市场，也不是把力量分散到几个市场上，而是集中企业的营销优势，把有限的资源集中在一个细分市场上，实行专业化的生产和销售，以充分满足这些细分市场的需求。采用集中性策略的企业，其目的是为了追求在一个小市场上取得较高的、甚至是支配地位的市场占有率。集中性策略的优点首先是可以集中企业的优势，充分利用有限的资源。占领那些被其他企业所忽略的市场，以避开激烈的市场竞争。其次，专业化的生产和销售可以使这一特定市场的需求得到最大限度的满足，并在特定的领域建立企业和产品的高知名度。再次，高度专业化满足了特定的需求，使这一市场的客户愿意付出溢价，保证了企业的利润水平。集中性策略的不足之处在于潜伏着较大的风险。企业将其所有的精力集中于一个市场，一旦这个市场中消费者的需求发生变化，或有强大的竞争者进入，或企业的预测及营销策略制定有缺陷等，都有可能使企业因无回旋余地而陷入困境。集中性营销策略主要适用于资源力量有限的小企业。采用这一策略，小企业可以避开与大企业的正面竞争，选择那些大企业未注意或不愿进入的市场，往往更易获得成功。然而在选用这一策略时应注意的是：进入市场前应进行充分的市场调查，以保证企业经营方向的正确；同时，所进入的市场应有足够的规模利润和增长潜力，能最大限度地降低经营风险。

4. 影响目标市场策略

以上我们介绍了3种目标市场策略的特点和各自的优、缺点，企业在选择时应综合考虑各方面的因素。

（1）企业规模和原材料供应：实力雄厚、生产能力和技术能力较强、资源丰富的企业可以根据自身的情况和经营目标考虑选择无差异策略或差异性策略。

（2）市场差异性：市场差异性是指不同细分市场中客户的需求及对企业的营销刺激的反应是否具有明显的差异。如市场的差异性较大，企业宜选择差异化策略或集中性策略。反之，市场的差异性较小，差异化策略或集中性策略都会浪费资源，影响效率，因此宜选择无差异性策略或集中性营销策略。

（3）市场供求趋势：当产品在一定时期内供不应求时，消费者没有选择的余地，需求即使有差别也可以忽略不计，可以采用无差异策略以降低成本，形成规模经济效益。当供过于求时，企业宜采用差异化策略或集中性策略。但任何产品供不应求的卖方市场状态通常都是暂时的和相对的，最终都会向买方市场转化。

（4）产品自身的特点：产品自身的特点主要是指产品的同质化特点。产品本身的同质化现象，其性能特点、型号等是否存在差异性。有些产品之间不存在差别，即使存在差别，但客户一般不重视或不加以区分，那么它们的竞争就主要集中在价格和服务上。这些产品一般都是未经过加工的初级产品，如原料药和中药材等。

（5）产品生命周期：处在不同的市场生命周期阶段，产品的竞争、销售等特点都是不同的。在导入期及成长期前期，同类产品的竞争者较少，品种比较单一，企业也通常没有进行多品种开发和生产的能力，宜选择无差异策略，以便探测市场需求和潜在顾客。产品一旦进入成长期后期和成熟期，市场竞争加剧，为使本企业的产品区别于竞争者，确立自己的竞争优势，应采用差异化策略，以利于开拓新的市场，尽可能扩大销售，或采用集中性策略，设法保持原有市场，延长产品生命周期。当产品步入衰退期时，市场需求量逐渐减少，企业不宜再进行大规模生产，更不能将资源再分散于多个市场份额小的细分市场，宜采用集中性策略。

（6）竞争对手的策略：任何企业在市场中都要面对竞争者，竞争对手的策略会直接影响到企业策略的选择。当竞争对手采用无差异策略时，企业宜选择差异化策略或集中性策略，以区别于竞争对手，提高产品的竞争力；如竞争对手采用差异化策略，企业应进行进一步的细分，实行更有效的差异性营销或集中性营销策略；但如果竞争对手力量较弱，也可考虑反其道而行之，采用无差异营销策略。总之，选择适合于本企业的目标市场营销策略，是一项复杂的、随时间变化的、有高度艺术性的工作。企业本身的内部环境，如研究开发能力、技术力量、设备能力、产品的组合、资金筹措能力等是在逐步变化的，影响企业的外部环境因素也是千变万化的。企业要不断通过市场调查和预测，掌握和分析这些变化的趋势，与竞争者各项条件进行对比，扬长避短，把握时机，采用恰当的、灵活的策略，去争取较大的利益。

第五章　有效营销模式的解析

第一节　OTC渠道的设计与分销管理

国内医药零售形态近些年变化很大，从最早的媒体驱动到渠道驱动，再到今天的终端驱动，销售的发力层次上已经有了一些显著的变化，从OTC医药渠道的规划上也要根据不同的环境进行渠道管理升级和变革。根据不同的市场层次OTC销售可以分成以下几种形式，在OTC渠道设计当中需要企业根据自身的产品特点和品类优势进行选择。

一、直供KA模式的设计

随着近些年的资本介入，医药连锁开始了新一轮大的并购整合，连锁集中度不断加强，为医药工业终端的整合带来一喜一忧。喜为整合之中为产品迅速导入终端提供了便利性，过去终端太过零散，工作强度比较大；忧为连锁集中度上升后工业谈判的议价能力减弱，在目前品类竞争的时代，工业在利润和市场投入之间犹豫不决。

直供KA一般都是突出品类或者是大品牌企业同连锁药房的战略性合作，同时KA连锁也主要以大型连锁为主，例如老百姓大药房、一心堂等企业。根据笔者早年提出的品牌价值回归思路，只有名牌、名品才能造就名店，一些小企业的高毛利产品虽然在连锁药房能获得首推，但这仅仅是企业饮鸩止渴的一种选择，未来医药品牌一定是行业的稀缺资源，品牌相对高毛利时代已经到来，如果大型品牌企业都能在设计的利润空间和市场投入上下功夫，尤其是同质化产品的中小企业将会面临着新的一轮大淘汰。

与KA连锁建立合作关系需要本着几个有效的原则进行合作：

第一是品类优先，由于各个KA连锁的经营状况不同，经营理念也不同，因此选择合作产品也有一定的差异，目前医药工业企业最先需要定位的就是所有的产品品类，相同的虽然多，但是根据自己的成本、工艺、适应证的不同需要建立不同的治疗诉求，形成有共性的产品卖点，因此我们需要建立企业优先品类的经营思路。

第二是利润供给，再好的品牌也需要给客户一定的利润来做支撑，随着物业成本和人员成本的增加，终端的毛利要求越来越高，作为工业企业来讲有的是供给高毛利，一些中小企业也将产品直接定义为OEM产品，做法不同。生存期现金流一定是“王道”，在利润供给中有两种方式，一种是硬性利润（直接差价）一种是软性利润（增值服务），笔者建议，有条件还是软硬结合更好。

第三是捆绑组合，和KA连锁谈产品，将高毛利的和低毛利的，将动销快的和动销慢的，将不同价格带的产品进行有效组合，在为连锁提供客观利润的同时，也将不同的利润压力进行不同的产品分配。

第四是增值服务，在与连锁合作的同时，动销支持是非常重要的，由于OTC产品的替代性非常强，因此仅仅供应产品还是底层次的，工业在供应产品的同时需要提供给零售终端一整套有效的“动销服务方案包”，这才是营销竞争的根本。

在与KA连锁合作时，由于很多KA连锁有着账期的要求，因此，对一些企业全面开展直供还是压力很大，因此还是选择与商业配送公司合作，共同开发，大型连锁和中小连锁合作的要求完全不同，在不同的市场层次操作的手法也有很多不同。目前连锁分成：全国性大连锁、省内强势连锁、地区、县域连锁、小型连锁，因此直供模式对工业直接操作来讲比较适应省区以上的大型连锁企业。

二、商销方式的渠道管理

很多企业在销售到一定量的时候都会面临串货、价格倒挂等问题，尤其是以品牌驱动的企业，由于有市场基数和品牌的拉动，主要的销售方式就是渠道商销，说的简单点就是依靠商业批发功能进行销售，在终端工作没有完善的时候，商业渠道的依赖性就会增加。商销模式是工业企业和流通商业博弈比较激烈的模式，工业每年有着回款指标的压力，就会把压力转嫁到流通商业，商业公司就会有更高的返利或者动销支持要求，在压货的时候，往往通过返利或活动支持的费用就变成了变相的价格补贴，补贴一旦放到市场就会形成一定的市场冲击。突如其来的低价货，不但影响着企业整体的价格体系和渠道管理体系，还会大大影响商业流通企业的积极性，久而久之，压货成了商销模式的噩梦，也因此给企业的长远发展带来了非常大的影响。

在渠道管理的过程中，通常对于数据流向的管理最为重要，目前数据采集有很多种方法，有数据直联系统，就是将流通企业开票信息实时的进行数据回传的方法；还有就是数据包获取，就是阶段性将开票信息变成数据包，开放给工业企业进行数据采集；再有像“码上放心”云数据，通过药监码扫码进行数据采集。

供应链中的“三流”，即数据流、资金流、货物流，其中数据流对于渠道的管控尤为重要。过去笔者在桂林三金以及北京同仁堂科技集团等几个企业都进行过营销渠道的改革升级工作，其中数据流是整个改革的基础工作，我们通过对流通商业的“双锁管理”即锁定价格、锁定渠道，进行基础的制度规范，同时对一级商业进行“三定”原则的设计，即定价格、定流向、定流量，进行全面的渠道控制。在管理的前期我们需要认清企业的基本现状，其中最难解决的莫过于在保增长的前提下解决渠道混乱问题，后来针对此种情况开展“促通”和“蓄水池”等工作，就是一边促进二级分销和终端的流速，一边和信任的伙伴建立阶段性货物“蓄水池”工作，在能保证回款的前提下，不断增加终端的商品流速。

从整体的改革过程中，逐步总结出的“系统管理方法”是建立在系统思维的前提之下的，因此我们需要遵循，以市场定模式→以模式定组织→以组织建制度→以制度定考核→以考核做评估→以评估定奖罚的系统思考方式，在营销改革的过程中往往伴随着组织的改革，流程的再造以及制度重塑，系统改革也就成了营销变革的主要思维。

三、分销模式的精细化操作

分销渠道的操作实际上是延续了商销模式的市场操作，相同点是从商业进行的分销过程，不同的是分销模式不仅仅是从一级商移库到二级商那么简单，而是要通过不同的分销动作进行商业动销和终端助销的过程。

商业压货：我们在销售过程中为了完成指标常常需要通过压货手段将产品移库到商业或二级分销商的库里，通过政策支持，给商业一定的占库费或促销费用，压货的动作在合理的范围内是可以的，合理的范围通常我们指日常库存周转量的 1.5～2 倍。不过在实际应用当中经常会发现压货大于这个数值。

供需平衡：指市场实际需求量和供应量之间的平衡，在销售过程中供大于求的现象往往多过需大于供，压货过多往往会打破供需平衡，从而造成商业继续抛货，造成市场价格紊乱。

分销模式主要是针对商业渠道（一级商、二级商）向次级商业或终端分销的过程，这里需要大量的分销人员，实际上人数就变成了钱数，分销工作主要靠分销代表来完成。在分销的过程当中应该按照以下几个方面来进行细化考核。

第一，库存管理与发货管理。消除不必要的库存，保持合理的库存，防止库存积压，提高库存周转率。合理库存根据品类的淡旺季等进行动态调整。一般商业流通公司计划员会根据自己的实际情况来进行调整，但是如果公司按照推广和促销工作的时候，需要业务代表提前进行客户库存管理，及时补货。

第二，渠道促通工作。过去我们经常讲和流通商业做好“三员促销”即销售员、计划员、采购员的促销工作，如果企业建立的是精细分销模式，那么工业企业需要进行终端网络的布局和建设，针对县域商业或纯终端进行有效的促通工作，具体的办法有很多，如限时折让、礼品回馈、购货有奖等。

第三，动销方案设计。在整体的销售过程中，动销方案的设计尤为重要，不同时期、不同产品、不同人群所做的针对性方案都会有巨大的差距，动销方案中很重要的一项就是投入产出问题，还有动销活动后的评估问题，动销方案要围绕着动销设计的七原则来设计：①确定市场范围；②促销产品确定；③可整合的资源；④促销时间设定；⑤折扣条件与投入标准；⑥建立活动条款；⑦竞争防御机制。

四、基层销售布局

医药行业的基层销售在近些年越来越重要，“小病进社区，大病上医院”的理念也渐渐深入人心，因此广大的基层市场逐渐成为很多工业企业竞争的地方。所谓的基层市场，并不是简单的指第三终端的概念（第一终端是医院、第二终端是药房、第三终端是诊所）。基层医疗市场和基层零售市场共同构成了整体基层医药市场的格局，在国内广大的县级市场将会成为未来医药行业举住轻重的销售板块。

关于基层市场的开发，往往通路较为深入，下沉比较彻底，因此建立直营队伍的成本也非常高，一般以代理制为主，直营还是代理能否发展的关键因素在于管理。大型企业的“直营＋合作”的模式相对比较成熟，由于大型企业有非常丰富的产品群，因此在操作的过程中也比较有竞争优势，相对人员也比较稳定。针对基层市场的开发，实际上在现实环境当中已经有很多营销团队介入其中，加上现在很多区域性流通商业也开始建队伍布局基层市场，因此现在的基层市场显得异常的热闹。对于工业企业来讲，我们布局基层市场要针对以下两点来做具体考虑。

第一，合适的产品组合。基层市场的产品供应需要35～40种产品进行组合，其中要把这些产品分成核心推广产品、利润产品、走量产品三个档次，中药西药组合和不同价格带组合都可以，如果企业没有相应的产品组合，那么基层的开发也就只能做单纯的代理招商了。产品的品类很重要，对于特异性不大的品类，品牌背书就非常重要，未来OTC产品的品牌会成为稀缺资源，OTC产品向品牌聚焦的势头也会越来越明显。

第二，业务员要向管理员转变。随着国家政策的改革和行业的变革，未来基层管理会趋于平台化管理，“直营＋N”的模式正在构成，原来直营的业务人员必须升级为管理员才能驾驭未来的市场。对丁基层的管理更多的是“服务＋方法”式的管理，绝不是传统的“制度＋表格”化的管理，团队要建立合理的“督导”体系，有监督有引导，有原则有激励，尤为重要的是整个团队的培训系统，培训系统不仅仅传播知识，还能够传播理念。一个好的团队是训练出来的。

在基层市场操作的过程中，主要是找到有合适资源的人，这对于契合产品的操作会轻车熟路，事半功倍，因此通过什么渠道来发掘各个地区的优势资源将是基层操作的关键点。

第二节 模式发展的认知与企业误判

在纷杂的医药营销环境中，我们经常能看到，一些企业在发展过程中对建立什么样的模式而举棋不定，更有时候模式选择对了，但是坚持到一半便没有信心了，于是选择了放弃，或者换人，很是可惜！除了我们论述的平台模式之外，这只是一个大方向，最终决定企业运营模式的关键问题在于产品的品类、成本构成、企业现有资金状况等，小企业往往希望借力而行，却经常受代理商限制，大企业的代理商害怕企业由于人员变更或公司建立直营队伍而收回代理权，本来是“鱼水情深”的关系，后来却成了“鱼和开水”的关系。

首先我们从中小企业说起，因为大的企业在发展过程中基本上形成了自己独有的生存方式，有些大的企业运营多年以后，营销体系也开始不适应市场，需要在发展中进行阶段性变革，处在激烈竞争环境当中的中小企业面临的风险更加的突出，目前有几种类型的企业，第一种是在特定区域有一定市场份额，有相对畅销的产品，问题是营销进展缓慢，无法突破区域限制。第二种是有独家剂型或独家产品，销量不高，营销较弱，资金压力大。第三种普药产品多，主要在少数省份销售，突破艰难。第四种是公司产品线比较凌乱，整体销售额较小，市场表现不佳。

国内医药产业已经开始进入大整合期，优胜劣汰的结构会更加明显，从基层 KA 到商业公司再到工业企业都面临着整合的压力，产业再一次开始进入集中化模式，对于企业来讲，不但对未来市场的打法要有清晰的判断，还要对整个产业结构做出方向性选择。

目前在国内的医药零售板块销售模式按商业层次分为：①商业渠道为主的销售模式；②KA连锁为主的销售模式；③招商为主的营销模式。

按照市场层次分成：①第三终端营销模式；②县域空点营销模式；③城市市场营销模式。

按照管理方式分为：①招商代理模式；②合作开发模式；③直营管理模式。

可以看出，在医药OTC市场发展的道路上有着非常多层次的模式选择和设计，在信息化飞速发展的今天，任何模式的打造都离不开信息化工具作为辅助用来提升效率。企业营销往往也是多中情况综合考虑下的结果，有时候营销模式的选择也带有偶然性，因为一个人的加入提供了新的思路，或者是遇到一个营销团队资源得以合作，当企业成长到比较成熟的阶段，营销模式的改进和提升也会演变成各个阶段的变革工作，以使企业的营销模式适应现实的营销环境。因此，在变革当中从打破企业现有的平衡再到建立新的平衡，这个过程有时候是疾风骤雨，有的时候也会悄然而至，这里有管理者的管理智慧，也有管理者的管理艺术。因此，一个企业从经验管理到科学管理再到文化管理无一不是经历着变革。在这个变革当中机制的改变往往相对容易，但因为原有的定式思维很难打破，因此在变革过程当中往往成了最主要的阻力。

因此企业在选择不同模式来操作产品的时候需要认清几个因素，不是用主观的思维去判断，而是需要考量内外几种主要因素去判断，否则将会出现企业模式与市场对位错误，资源与企业无法匹配等问题。

外部因素有：①此类产品的发展趋势；②品类的有效推广模式与对标企业；③品类构成的市场环境与启动机会；④与市场同品类产品差异的认知情况。

内部因素有：①企业目前的优势分析；②能够调动和交换的的资源有哪些；③能够支撑的市场投入分析；④达成目标的基本路线图。

总之，当我们清楚地了解了关键性因素，才能正确设定营销模式，有了模式才能补充方法，关键性因素为本，模式为道，此为本立而道生。

第三节　消费者研究——一个亘古不变的营销话题

以往，一提到话题营销，策划者、实施者们总会在第一时间想到 blog 与 blogger，而且往往很多人也只能想到以上两点。实际上，话题营销也不一定是单纯的博客营销，还可能包括或涉及多种营销策略，比如以社区发帖、回帖与置顶为主体行为构成的社区营销；以受众或消费者自发传播为目标的口碑营销；针对某话题实施的媒体报道与软文营销等。

如今，话题营销早已成为了互联网营销中最快捷、影响力最大的营销方式之一，诸多企业也纷纷加入到话题营销的队伍中来，然而，企业引入话题营销的最终目的是什么？来自企业的营销策划者在开展话题营销时普遍采用的运作模式有哪些？在话题营销过程中，又该如何将话题铺开、渗入从而达到提高推广物知名度的作用……

"把话说出来，把钱收回来"。

目前，话题营销无疑成为互联网营销中最快捷、影响力最大的方式之一，你如何理解话题营销的定义？它在互联网营销中的表现形式是什么？

话题营销主要是运用媒体的力量以及消费者的的口碑，让广告的产品或服务成为消费者谈论的话题，以达到营销的效果。其核心是，"我有话题，等你来发现、讨论、扩散"，这可以认为是一种"勾引"媒体传播的营销方式。

话题营销以话题发起者来区分，其在互联网上的表现形式有两种：一种是经过蓄意策划的话题，另外一种是由潜在顾客或利益相关者自发发起的话题。笔者把话题营销的以上两种表现形式简括为由主体发起的话题营销和由客体发起的话题被主体顺势引导形成的话题营销。

主体发起的话题，是企业事先构思好的内容，然后微博、博客、论坛、官网等平台进行话题的传播。由于这种话题营销企业是掌握主动权的，因此企业只有选择精准的话题并经过缜密规划、合理引导，才能发挥话题的营销效果。比如京东与苏宁的价格战，就是刘强东蓄意谋划的话题营销，他通过微博这个平台发动话题，约架成功，最终使京东成了媒体关注的焦点，继而获得了大量免费报道的机会。

由客体发起的话题，往往是企业先在产品或服务上做出优异的表现，促使顾客从满意层面上升到感动层面，于是对企业的产品和服务产生良好的口碑，继而形成褒奖性话题，亦或是基于其他种种原因而促使顾客或利益相关者自发发起话题来评价企业的产品或服务。比如，现在很多企业建立官方微博，对在微博上关于他们产品的评价进行监控，然后及时做出反应，并与顾客互动。企业往往可以通过以上过程并借顾客之力顺势制造话题营销。

如今，很多企业开始加入到话题营销的队伍中来。

营销本身就是一种沟通方式。通俗来说，就是“把话说出来，把钱收回来”。目前这种“沟通方式”有很多种，比如传统的广告传播，我发布信息，你接受信息。但这种方式往往是被动、单向的，且沟通效果越来越差：一是企业抛出来信息顾客不一定能够看到，二是即使顾客看到也未必会过脑子，自然也就无法把信息转化为自己的深层记忆，最终，企业处心积虑发起的传播被白白浪费了。

而话题营销则强调释放诱饵，这个诱饵就是话题，目的就是激发参与者自发传播的能力。这好比很多人聚在一起之后都会讨论一些新闻，交流一些热点，这些其实都是话题。作为社会人，我们每天都离不开各种各样的话题。再加上如今随着信息传播速度的不断加快和“个人媒体时代”的来临，我们每个人都可以通过多种途径表达自己的观点，这就从另一个侧面扩展了话题传播的渠道。

无独有偶，现在很多企业也愈发意识到话题营销是一种低成本的传播方式，它可以帮助企业花小钱办大事。归纳起来话题营销通常采取以下几个步骤。

第一步，创意选题。这个过程要提前构思好的创意及寻找网友喜欢的话题。

第二步，植入捆绑。有了好的话题，企业也要懂得植入想要营销的产品或公司信息，或者在话题讨论中捆绑自己的产品或品牌。

第三步，推波助澜。即针对话题的讨论，企业要能适时推波助澜，助力话题波及更广泛的群体。

第四步，跟踪引导。做话题营销，企业要懂得收放，即能够正确引导话题的走向，要防范话题失控。

第五步，评估效果。企业完成话题营销，还要对话题营销产生的效果或影响力进行评估，并总结经验，这样才能更好地运用话题驱动帮助企业开展更多有价值的低成本营销。

既要先期谋划，更要过程控制。

企业在发起话题营销时常常因缺乏明确目标而导致构不成完整营销计划与事件现象的发生。

话题营销不应该是孤立、随意、盲目的，一个好的话题营销一定要与企业的目标或整体的经营计划相关。美国的眼镜电商 WarbyParker 通过互联网销售眼镜，其模式非常简单：即全部采用单一定价，每副眼镜 95 美元，每次送顾客 5 副供挑选。顾客可以在 5 天内做决策，在这 5 天当中顾客可以通过询问亲朋，或者请 WarbyParker 在 facebook 上的专家提供参考意见。顾客在选好自己要购买的眼镜后，把其余 4 副眼镜退回来，然后再在网上下单订购自己最喜欢的一款。可以说，这是一种独特的销售模式，且顾客不会为此承担任何风险。

从另一个方面分析，以上这种销售模式本身就是一个很好的话题，顾客一次选择 5 副眼镜，并要戴给身边的人看，然后就此做出讨论，甚至还要发出照片让朋友帮助决策，无形中 WarbyParker 就变成了大众的谈资。此外，WarbyParker 很善于制造话题。比如在今年的愚人节，他们推出了一项有趣的眼镜定制服务——WarbyBarker 为顾客的宠物狗定制眼镜。这种眼镜是 WarbyParker 设计师们为宠物狗专门设计的 5 款经典复古风格眼镜，当然，狗主人也可以获得与爱狗的配套款眼镜。

WarbyParker 官方声称：“再也没有什么比让一只可爱的宠物狗带上一副丑陋的眼镜能让我们‘厌恶’了——而这正是我们推出 5 款限量版 CanineCollection 特色经典复古眼镜的原因，每一副眼镜都是经过精致设计加工的。

“不管你的宠物狗是否经常收藏骨头、舔不雅之处，还是叼着拖鞋到处跑，我们相信所有的狗狗都应该拥有这样一份漂亮的礼物。”这套为宠物狗专门定制的眼镜依然是 95 美元，WarbyBarker 还会根据宠物的品种、脸型、年龄等为狗狗选择最合适的眼镜。面对 WarbyParker 略显雷人的举动，作为顾客的你可能一笑置之，但不可否认的是，总有一些宠物狗发烧友对此跃跃欲试，用 WarbyParker 装扮自己、武装狗。于是，一个小创意为 WarbyBarker 免费赢得了不少新闻版面。

最终，WarbyParker 成为了世界上第一家为宠物狗定制眼镜的电商，这个新奇的举措让 WarbyParker 的知名度进一步提高了。此种话题自然促进了 WarbyParker 的业务模式——个性化定制，单一定价，每副 95 美元。

以此观之，我们发现话题营销首先要构思一个好的话题，即话题本身要诱人、有趣、最好具备新闻价值。其次，话题要与企业要传播的信息产生正向关联。WarbyParker 给宠物狗配备与主人相同待遇的眼镜，都是借此强化 WarbyParker 的核心业务——每副眼镜 95 美金，每次送顾客 5 副供挑选。我们都知道，给宠物狗配镜不是常态，但却是新闻。给人配眼镜是常态，但不具备自发扩散传播的功效。二者有机结合，必将发挥出话题营销的价值。

众所周知，话题营销的顺利实施，除需准备好话题与切入点、制订一个详备的执行计划外，如何引导更多人参与话题的讨论、传播且确保不偏离主题，而最终将焦点都集中到营销的核心上来，无疑成了话题营销最有挑战的环节。

成功的话题营销在于先期谋划，更在于过程控制。先期要做好计划，构思好，分阶段进行设计。

首先要定好主话题，然后设计话题的辅料，由于单一的话题很容易“熄火”，因此企业必须懂得适当加一些辅助的“燃料”。比如京东发起的价格战，刘强东先在微博上挑起战争，宣布“京东商城所有大家电将在未来 3 年内保持零毛利，并保证比国美、苏宁连锁店便宜至少 10%以上”，然后又宣称京东将在全国招收 5000 名国美、苏宁价格情报员，每店派驻 2 名。之后又在微博上传了价格情报员的图片和“攻打”苏宁指挥部的图片，一步步地把话题炒热。这说明，企业在策划话题时，不仅要有主话题，而且也要有分话题，只有这样企业才能持续创造新鲜感，谈资才更有生命力。其次，要懂得分阶段展开，即前期需要投入什么资源，影响哪些人或媒体，后期又要哪些人介入，达成什么结果，企业均应心中有数，只有这样，企业才能将话题营销有序推进。

此外，过程控制是指要对话题营销进行密切监控。企业应根据营销态势的发展，灵活调整营销过程。因为话题营销是卷入式的，过程难料，中间可能会有很多变数，可能有些人是既定的参与者，也有些人是临时“打酱油”的，还有些人是突然介入的。由此，企业要懂得顺势而为和因势利导。在这里，如何有效利用参与者的价值并发挥出他们在话题营销中的作用，这就变得非常关键。

善用意见领袖的“神奇力量”。

有一种观点认为，意见领袖是话题得以扩散渗入并获得大众共鸣的一大推动力之一。

意见领袖是指在人际传播网络中经常为他人提供信息，同时对他人施加影响的“活跃分子”，他们在大众传播效果的形成过程中起着重要的中介或过滤的作用，一个完整的传播过程需要他们将信息扩散给受众并发挥出信息传递的扩音功能。

企业在使用意见领袖时，首先要考虑意见领袖及其所影响到的群体与自身产品或品牌的匹配性，然后制订相应的合作计划和激励举措，保障意见领袖能够按照企业的计划开展传播。最后企业为意见领袖提供相应的话题素材，同时给予足够的支持，不断激发意见领袖的传播热情，降低传播障碍，减少传播成本。

比如，英国一家葡萄酒公司 Stormhoek，他们在开展话题营销时，就充分借用了意见领袖的力量。Stormhoek 创始人马尔选取英国最热门的 150 名博客的博主，给每人寄了一瓶中等价位的葡萄酒，这就是激励举措。为了不引起大家的反感，马尔强调，收到葡萄酒并不意味着你有写博客的义务——你可以写，也可以不写；可以说好话，也可以说坏话。同时为了激发大家的谈论热情，他们发出了一份公告，并起了一个吓人的题目“Stormhoek：微软真正的竞争对手”，他在里面写道，“如果你口袋里装着 400 美元无所事事，你可以有多种选择，你既可以买一台微软的 Xbox360 主机，也可以买一箱葡萄酒”。这种不搭界的对比，本身就是一个很好的创意。此举激发了大家的讨论热情，Stormhoek 顿时成为了彼时英国热门的谈资之一。

在话题营销的参与者构成上，多样化的群体应该是必需的，若是针对某企业或产品的营销计划，企业的客户与产品的潜在用户或老客户是否也是值得邀请的？这部分参与者的特殊作用体现在哪些方面？

若是针对某企业或产品的营销计划，企业的客户与产品的潜在用户或老客户是必须要邀请的。企业针对某项产品的营销计划，如果没有客户或者潜在客户的参与，营销势必就失去了价值，由此看来，企业无论采取何种营销策略，都要针对正确的营销对象开展正确的信息传播。

在营销实践中，我们都知道客户转介绍、客户口碑的重要性。在话题营销中，因为其具备卷入性，所以需要客户参与、扩散和传播。这就相当于用客户的声音去影响更多的客户。我们强调物以类聚、人以群分。每个人都有自己的人际网络，尤其当前社交化媒体又如此盛行，客户的参与不仅能利用其社交网络聚拢更多的客户，同时也起到好的见证作用。

话题营销不是简单的新闻炒作。

某业内专家指出："话题营销其实就是一种新闻炒作，正在被越来越多的企业所运用。这招一般是民营企业运用得比较多，因为它们所受的限制比较少，最出名的当属娃哈哈与达能之争。如果用得好，话题营销能起'四两拨千斤'的作用，但用得不好，就会被视为恶炒。"

话题营销不一定就是新闻炒作，比如曾经有一家快餐店发布了一个帖子《教你如何吃垮×××》，里面介绍了盛取自助沙拉的好办法，巧妙地利用胡萝卜条、黄瓜片和菠萝块搭建更宽的碗边，可一次盛到七盘沙拉，同时还配有真实照片。

这本身就是一个话题，并不是新闻炒作，但是它却激发了广大受众的参与、讨论和扩散的热情。之所以很多人把话题营销理解为新闻炒作，是因为新闻能够放大传播的价值，很多话题为了产生更好的传播效果，要额外强化它的新闻性。否则不具备新闻价值，光靠消费者通过人际关系进行扩散式传播，其传播速度还是稍慢一点。

此外，话题营销不仅是企业的专利，公益组织也同样可以发起话题营销。因为话题可好可坏，完全可以雅俗共享，话题也可以讲究正能量，传递真善美，这还要看话题营销的创意。

总之，话题营销看似简单，实则不简单。用得好确实能够“四两拨千斤”。但是如果用不好，也容易遭遇诟病，甚至会产生负面影响。话题营销还要求企业把握一项基本原则，那就是“客户价值或利益至上，社会价值和利益至上”。无论话题怎么样，只要不伤及客户利益，不损害社会价值，辅以正确的策划和执行，就可以发挥出好的效果，从而摆脱恶炒的负面印象。

目前话题营销的范围还更多地局限在博客上，为了突破这种局限，某整合营销传播机构开始针对话题、事件与主题活动的发起，将博客、社区、电子杂志、邮件等可使用的互联网通路皆纳入了进来。

话题营销模式强调的是单一内容的多渠道传播，但并不是所有平台都适合话题营销。博客、社区、电子杂志、邮件等平台虽然可以作为整合营销渠道的扩充，但企业在进行营销传播时应考虑不同平台的特点，形成适合该平台传播的内容，产生各平台有效协同、相互增强的传播价值。

20 世纪 90 年代，直销方式主要是直邮（产品目录和信件）、电话营销和电视导购。后来，电子邮件营销、针对性较高的网络营销，移动手机营销等方式陆续兴起。

我们都知道世界已经发生了巨大改变，如今掌上高科技设备存储的信息量要比 30 年前一整间房子所存储的信息量还要多。当然，企业的营销方式也发生了变化，和过去 20 年相比，现在企业有更多的媒体选择和传播渠道。

然而，唯一没有改变的是人的天性，因此，如今仍会见到年轻创业者们一次次犯同样错误。

采用直销模式的企业，主要依靠一些可靠的法则进行经营。这些法则来源于敏锐的分析师历经多年的分析和验证，分析基础在于对人的天性和购买动机的认识。再次强调下，尽管我们的购买方式或许已经发生了变化，但是我们的思考方式并没有发生变化。我们仍然被同样的欲望所驱使，也仍然像我们的父母和祖父母一样做出反应。比如说，你第一次看到《阿凡达》三维立体电影的反应，和笔者当时在 20 世纪 70 年代第一次看到《星球大战》特效时的反应一样。

在新兴的媒体渠道和发达的科技运用过程中，笔者经常发现一些典型的错误，同时也想起了一些传统的营销法则。以下是笔者最重视的五大法则：

法则一："四四二"法则。

四四二法则说明了营销活动效果的影响因素，具体如下：

· 40%的成功取决于营销对象；

· 40%取决于报价或产品；

· 20%取决于营销创意。

这条法则由直销大师艾德·梅尔（Ed Mayer）提出，并在20世纪60年代广泛采用，虽然不适用于所有的情况，但是笔者经常喜欢提起的一个法则。你会发现大部分的成功销售来源于把正确的信息传递给恰当的人。如果能找到对你产品最感兴趣的人，那么成功销售的概率就很高。成功的营销并没有秘诀。

创新很重要。营销的设计、颜色、字体等都做得很出色，但不足以保证成功的营销。营销活动的针对性才是关键，这也是为什么大型的团购网站愿意花大量的金钱对此进行深入研究的原因。实际上，我觉得，他们已经找到解决方案了，只不过缺乏有针对的产品投放市场。

一定要明确谁是你的客户，你是否能对他们进行营销，以及是否能找到他们使用的科技手段（适当的营销途径）。然后在恰当的时间，向他们传递正确的信息。这就是营销活动的成功关键，准确应用这条众人皆知的法则就会实现成功的营销。

法则二：RFM模型。

RFM模型的含义是：最近一次消费（Recency，他们最近一次购买的时间是什么），消费频率（Frequency，他们多久消费一次），消费金额（MonetaryValue，他们消费了多少钱）。这个传统模型的用途在于对客户进行细分。那些最近有消费，且经常消费，每次花销不少的客户，属于最佳客户。有一种简单衡量RFM模型的方式，就是给每个变量设定5个等级，给它们分别标记从1到5（1为最低，5为最高），然后给每个客户打分。15分的客户就是最佳客户，而3分的客户估计无利可图。

这个法则经过了时间的考验，因为无论你处在哪个行业，客户都是不一样的。所以细分客户是很重要的，这样你才能给他们提供更多相关的信息。现在，仍然有多企业给整个客户群发送相同的电子邮件和文字信息，太令人吃惊了。而这些企业经常使用“没有资源”这类借口，通常意味着他们没有按照“四四二”法则分配他们的时间。

法则三：二八法则。

二八法则是时间最久的传统营销法则，也被称作“帕累托法则”。当时20世纪左右，维尔弗雷多·帕累托（Vilfredo Pareto）注意到20%的意大利人口占有80%的土地，接着他发现别的国家也同样如此。

其实在商界，二八法则无处不在。在许多拥有稳定客户的企业中，你会发现20%的客户创造了80%的销售额或利润。同样，20%的商品产生了80%的销售额。

网络营销也是如此。在社交媒体中，如果你做个试验，会发现80%在博客、Facebook和Twitter上公布的消息，只有20%的好友看了，而你80%的回复也来自于你20%的好友。

你是否注意到邮件打开率的行业标准大概在25%？这意味着80%的邮件只有20%的人打开看了，这同样也适用于点击率。

运用这个法则可以理解和明白“少数决定多数”。注意培养客户，努力从80%的群体里发掘属于20%的客户。运用这个法则不断提高网站点击率、营销效率和产品销量。试着打破这个二八定律，即使你不能，也能提高你的销售业绩。

法则四：AIDA模式。

这也是我最重视的一条法则。AIDA代表引起注意（Attention）、激发兴趣（Interest）、刺激购买欲（Desire）和促成购买（Action）。用创意的信息吸引潜在客户的注意力（如AdWords赞助商链接），当潜在客户开始关注企业提供的服务和解决方案时，就因此产生了兴趣。说服客户相信你的解决方案是最佳方案时，就成功激起了客户的购买欲望，最后促成购买。

法则五：降价促销＞打折促销。

正是因为最后一条法则，企业多年来才可以通过传统的直销方式持续盈利。这条法则简单地说明了所有的事物都是平等的，直接的降价促销方式比打折的促销方式能引起更大的市场反应，并带来更多的经济收益。很多实践过的人都表示赞同。

这又是关于人性。这条法则说明人们喜欢简单和直接的方式。消费者不喜欢思考，他们特别不喜欢做算术。直接的价格优惠，人们能够立刻明白。而打折需要计算，有时也会给人一种上当受骗的感觉。

以上就是五条亘古不变的营销定律，可以帮助提高企业的营销水平。这些法则会随时适用，所以要记住它们。但更重要的是，要记住它们的精髓：

记住：目标客户和营销内容，比营销方式更重要。

记住：所有的客户需要细分对待，少数决定多数。

记住：促使客户进行购买是需要一定过程的。

记住：消费者不喜欢思考，所以营销要尽量简单。

第四节　创新营销往往是企业改革的伪命题

对在目前市场环境下生存的企业来讲，日益严峻的外部环境大大增加了企业的生产压力，在不断提升企业生存成本的情况下，又大大降低了企业的逾期收益，从而使得两者之间的比例增大，企业的盈利减小。

同时，每个企业在特定环境下的发展史，又注定企业本身会存在这样那样的不合理现象。当企业经营者能真正认识到这种不合理现象可能对未来企业发展造成严重后果的时候，就有了创新的原动力。也就会积极有效地开始一轮变革，从而促使企业向良性轨道发展，保持竞争活力！

企业长久稳定的有效经营活动，就是一个不断创新和提升的过程，这个过程伴随企业一生，直到企业消亡。企业经营业绩的好坏，很大程度上取决于企业的这种行为是否完善，是否及时。

一、创新对企业的重要性

我们身边的企业家们之所以动辄谈创新，主要是看重了企业启动创新机制后，所取得的成果可以为企业带来的优势，对企业的重要作用。

1. 顺应市场发展，提升企业竞争力

市场的发展，决定了一切围绕市场的有形物品和无形思想必须要适应市场的发展取向，只有这样才可以在市场发展过程中保持市场竞争力。

企业在参与市场活动的过程中，每一次市场消费者消费习惯的改变或者渠道承受能力和选择性的改变，都要求企业能迅速适应这种变化，并马上做出积极的反应。历史经验不止一次表明，反应越快的企业，成活的概率越高，竞争力越强；反之，则会被市场淘汰。

2. 有效理顺企业内部和外部关系，实施优化

在企业迎接市场变革的过程中，每一次有针对性的创新，都是对企业内部组织关系、产品结构、营销模式、市场布局、人员状况等方面的一次优化。这样的优化只有达到市场的认可和企业的理想状态，才能取得创新行为的成功。因而，创新的整个过程也是对企业内部和外部的一种优化行为！

3. 有效保证企业盈利空间

其实，企业之所以会选择打破原有模式进行创新，目的就是为了有效适应市场发展趋势，最终得到企业的持续发展。也就是说，企业创新的根本目的是为了保持企业市场经营活动的持续盈利！

二、创新所包含的内容

在了解了创新的含义和对企业的重要性之后，我们还必须要清楚我们所谓的创新所包含的内容。其实，创新包含有形的物体创新和无形的思想创新。主要有以下 3 个层次。

1. 技术创新

技术创新容易理解，这是我们平常听到、感知最多一个方面。

技术创新也是有形创新的代表，通过技术摸索、革新，我们可以制造出更完美的产品，可以大大提升企业生产效率，可以更好地维持设备和材料的高利用和低损耗。作为硬件方面的创新，技术创新是提供市场有形产品以及服务产品的一个重要保证。这是一般企业追求的创新，也是最基础的创新行为。

2. 体制创新

当基础创新达到一定的程度，就必须要有一套与之匹配的管理体系来将技术创新得到的成果实施市场转化，完成从生产车间到消费者手中的传递，获得最终的利益获取，就必须打破原有的旧体制。

在这个过程中，企业所要创新的行为，不仅仅包括企业内部的管理体制

方面，还包括原有的市场经营方面的内容。我们都知道“穿新鞋走老路”是没有好的前途的，而体制创新就是给我们开辟一条可以符合新鞋走的新路，并保证方向的正确性，直至最后的成功。

3. 思想创新

有效区分优势企业和一般企业的最核心的一点，不是技术变革能带来什么质的飞跃，也不是单单依靠体制的革新而大获成功，而是自己所创立的一种思想可以引领其他企业，从而树立企业在行业、在市场的领袖地位。这才是创新的最高境界。

思想创新，就是树立一种行业的典范，从而在有效区分其他企业的同时，造成一种行业、市场或产品模式的垄断。它既包括产品的质量标准体系，也包括市场操作的方向、方式、方法、资源配置、格局等，而形成的一种标尺。后来企业只能向这个标准看齐，才具备了市场竞争的资本。否则，则会被行业不认可，乃至推出行业竞争。

当然，这种标准化的创新行为也不是一成不变的，就如同世界记录一样，总会有一些优秀的企业或个人站出来打破，从而形成一种新的标准。所以，思想的创新也是需要不断完善发展的，毕竟人们对自己是最清楚、最了解的，也是最有可能加以完善和更上层楼的创新。

企业的市场经营行为，是一项长期而复杂的系统化工程。有志企业想要保持基业长青，必然要务实探索，不断创新。靠激情和忽悠打市场的时代早已一去不返了。没有创新，你靠什么赢市场。

“我对创新没兴趣，我只关心伟大的产品。如果你关心的是创新的话，那你最后只会列出我们作了哪些创新，一、二、三、四、五就好像把这些东西堆起来就成了似的。”这是乔布斯对某记者有关创新提问的回答。的确，创新不是通过学习而来的，而是通过学习的过程逐渐形成的，不能因为要创新而创新，学习创新本身就是一个伪命题。一个个鲜活的创新背后，其实有着很多复杂的因素，大家往往注重创新的结果，看到成功的喜悦，却往往忽略了其过程的艰辛，没有体会到背后一个个失败的辛酸。笔者认为，没有信念、热情与勇气的支撑，没有实践、坚持的过程，没有创新直觉思维的形成，没有环境氛围与制度的保障，一切创新的话题都无从谈起。

三、信念、热情与勇气

创新是一种信念，相信自己所从事的事情；创新是一种热情，坚持不懈地追寻自己的梦想；创新更是一种勇气，敢于打破现有的模式，敢于直面未来的失败。从“人活着就是为了改变世界”“领袖与跟风者的区别就在于创新”“人这一辈子没法做太多的事情，所以每一件都要做得精彩绝伦”“成就一番伟业的唯一途径就是热爱自己的事业”“不要把时间浪费在重复其他人的生活上”等乔布斯的经典语句中，我们可以了解到他强烈的创新信念。

有了对创新的信念还远远不够，还要将这一对创新的信念转化成一种热情。乔布斯用自己的热情重塑着一个个行业的模式。苹果电脑打破了人们日常使用电脑的局限，改变了人们的生活；iPod 和 iTunes 改变了传统音乐的游戏规则，掀起了一场空前的音乐革命；而之后 iPhone 和 APP 的发布则重塑了智能手机的竞争格局；iPad 的出现更是撼动了 PC 电脑市场。苹果之所以能够成为世界上最受尊敬的品牌之一，秘诀之一就是在于乔布斯对于创新的满腔热情。

创新，需要莫大的勇气。因为创新意味着不同于常规的模式，它必将遭受到其他人的质疑，能够力排众议、坚持自己的原则从来就不是一件轻易的事情。

追求自己的理想意味着忽略他人的警示乃至嘲笑，布兰森当时设立维珍大西洋航空等品牌时，很多人都劝阻其不要进行，其中不乏行业分析人员、管理大师及咨询顾问等专业人士，但他依然敢于追寻自己的梦想。对自己所做的事情坚定信念，心中充满热情，并且具备直面失败的勇气，这才是创新的前提条件。

四、实践、直觉与坚持

创新往往来自于直觉的判断，按部就班的执行几乎不能够出现什么创新的理念；创新的直觉与长期的实践却是紧密联系的，没有实践的想法往往是空想，实践是创新思维的奠基石；创新还意味着坚持，创新之路是漫长的，创新过程是周而复始的，在创新的路上，如果缺少了坚持，不是出现创新的夭折，就是在历史的长河中灵光一闪后灰飞烟灭。

乔布斯认为，产品来源于创新，而创新则是通过观察、实践产生的。乔布斯的产品设计哲学并不是从小组讨论或市场研究中得出的，甚至他从来不会去聘请市场调查公司为他们做市场研究。用他同事的话来说，乔布斯的模式主要依赖坚持、耐心、信念和直觉。他清楚产品应该回归到顾客的生活习惯上来，而不是改变顾客的生活习惯。之所以他具有这种对消费趋势的直觉，与他深入地参与到硬件和软件的设计实践当中有着紧密的联系。其实，要生产一款经典的产品是一件很困难的事情，苹果每一款产品的面世都经历了相当长的时间，这里有团队成员坚持不懈的努力，也有乔布斯基于他对产品直觉判断而一次次“无情”的否定，直到经典终于呈现给世人。哈佛商学院教授大卫·约夫曾这样评价，真正的技术创新有先见之明，能够提前了解他人尚未意识到的需求，还可以重新定义一个产品门类。

无独有偶，另外一家经营了百年的创新型公司3M，其CEO巴克利也是一个创新奇才。从全球最具创新精神公司排行榜中排名第一直线下滑到第七后，巴克利以他敏锐的直觉找到了这个下滑的原因，他的前任CEO过分关注效率而制定的严格规范和程序使得创新活动遭到了束缚。他每天的工作时间通常接近14小时，从不假手秘书回复任何人的邮件，其同事往往会在给CEO发邮件之后15分钟之内收到回复。即便是给华尔街分析师们演讲时用的电子演示文档，他也几乎自己完成。用他的话说，从他的大脑到键盘再到屏幕是一个充满创意的过程，很难将这个过程交给别人。从这两位创新人物当中我们不难发现，他们都在自己实践中去尝试和创造着用户体验，而正是这样的实践与坚持，铸就了他们对创新的直觉。

良好的环境是企业实现创新发展的催化剂，其实，从国家到企业，环境对于创新来说一直扮演着一个重要的角色。《创业的国度：以色列经济奇迹的启示》剖析了以色列的创新环境，让这个仅有710万人口、笼罩着战争阴影、没有自然资源的国家产生了大量的创新型公司，远超加拿大、日本、中国、印度、英国等大国。人们常说乔布斯的精英主义，其实这也是他在为公司创造出另一种环境——创新环境。

制度好可以使坏人无法任意横行，制度不好可以使好人无法充分做好事，甚至走向反面。索尼建立了一种创新文化，不仅鼓励研发创新，而且宽待失败，这种文化极大地促进了随身听、光盘、迷你光盘以及游戏机这些产品的出现。然而，由于其制度建设没有跟上，暴露出许多缺点，首先是不计成本地大量投入，其次是很多研发人员长时间关注个人感兴趣的领域，另外，组织结构调整后新上任的领导随意否决正在研发中的创新。这些都给索尼公司带去了较为沉重的损失。3M 的 CEO 巴克利上任后，强化了 3M 公司一系列若干大力扶持创新的传统制度，奖励科技发明，允许失败尝试，倡导员工用 15％时间从事独立研发并提供资助基金。在 3M 公司内部，员工之间形成了一个连锁网络：科学家、工程师和市场营销人员等自由地交换观念和创意，这些表面上听起来十分无序，但是运行卓有成效的制度给创新提供了广阔的土壤。巴克利曾说，3M 不是一个机构，而是一个生命体，一个鲜活的东西。3M 公司数十年来一脉相承的创新体系有关——那种开放的、松散的和灵活组合的创新网络，确实更有利于创新。

在当前的宏观经济环境下，不少企业都提出了“学习创新，成功转型”。仿佛只要是经常提倡学习创新，就能解决企业转型升级和面临的问题。管理大师明茨伯格说过：“实际上，公司的成功，无非源自一位能力出众的领导者，他知道怎么去学习，他自身的精力和热情，能够吸引来出色的员工并鼓舞他们。”笔者想说的是，创新不是浮在表面的事情，与其说学习创新，不如说学习如何激活企业对创新的信念、热情与勇气，如何将这些要素贯彻到企业日常的实践当中，坚持不懈地执行。最后，创建一个有利于创新的环境氛围与制度也是一个不得不去思考的问题。

第六章　隐性价值决定企业存亡

一个企业从小到大，从大到强必然是企业价值提升的一个过程，我们可以通过财务指标发现企业的现有价值，也可以通过无形资产评估衡量品牌。但是为什么很多品牌企业会有所谓的管理瓶颈呢？为什么在经过了多年的运作之后企业不得不面对改革呢？在很多人对企业未来预期价值看好的同时，企业为什么会感觉乏力甚至束手无策呢？也许通过隐性价值的判断就可以找到问题的答案。

笔者将企业的价值分成显性价值和隐性价值两部分，所谓的显性价值就是能够从公司的财务报表和资产评估报告中体现出来的具体价值，包括业绩的预期和市场开发的预期都是通过显性价值来体现的，显性价值还包括能够通过评估机构进行无形资产评估的品牌价值。那么企业的隐性价值都包括哪些？它们到底在企业发展过程中起到什么作用呢？下面我把企业的隐性价值分成六个部分来进行简要介绍。

一、企业的战略决策及执行价值

一个企业的战略决策会影响企业的存亡，这也是笔者把它列为企业隐性价值之一的原因。在战略决策中有企业发展决策，产品开发决策、政策导向决策、市场选择决策等一些能够给公司带来长远影响的决策。在决策确定后不仅仅是一个规划报告就能够解决问题，还要能够在企业管理系统中执行下去。我们在日常文件上见到的多数都是决策过后的文字，所以在隐性价值中体现的就是企业决策的过程和执行的情况，如果决策失误，执行不到位，也许隐性价值就会成为企业的负价值，给企业带来损失。

在此价值中企业的高层领导起到很主要的作用，高层战略决策的隐性价值是所有其他隐性价值的核心，在这个角度来讲，所有其他的隐性价值的体现都是附属于此价值中的，创造出来的隐性价值都是为企业的战略来服务的。

二、创新价值

企业发展就是在不断的创新中完成的。首先是产品创新，能让企业市场更有活力，同时能够给企业带来广阔的市场运作空间，丰富的产品线也是对市场销售的一个补充。其次是我们医药企业近两年来不断涌现出来的渠道改革及管理创新，创新的价值不仅仅在于提升企业的业绩，更重要的是它加速代谢了企业陈旧的管理体系及更新了管理思想。一个企业创新的价值能够使得企业更有活力，能为企业带来源源不断的财富，所以一个企业能够根据市场的变化不断的进取创新是难能可贵的，我们知道著名的美国硅谷，核心价值就在于各个企业不断的展开想象力，展开创新竞技，才出现了一个又一个在世界有着影响力的企业。如今国家的医疗改革政策对整个的医药企业发展会产生深远的影响，能够在医改推行的今天对自己的企业重新做个定位，不断地在发展模式和管理思路上进行创新才会赢得最后的成功。

三、薪酬及绩效激励价值

薪酬及绩效激励的隐性价值就在于它是企业员工最直接感受到的东西，除了费用的预算数字会在财务指标上体现之外，员工的真实感受是很难用数字来衡量的，一个企业最应该先把员工照顾好，员工才会照顾好你的客户，从而客户才会把企业的生意照顾好，薪酬和绩效激励是公司发展的催化剂，任何一个优秀的企业没有一个不是把薪酬和绩效激励手段运用得恰到好处。调查得知，员工的积极性主要取决于三点：1. 企业的认同感及获得职业发展的机会；2. 企业的归属感和使命感；3. 薪酬收入。在隐性价值中我们主要关注的是员工的真实感受，因为员工的感受会直接反映他工作的态度，从而会影响企业的业绩表现。

四、人才价值

一个企业的识人、育人、用人、留人的能力构成了企业人才的隐性价值核心。俗话说“用人所长无不用之人，用人所短无可用之人”，关于一个人的“长或短”如何去发现是管理者技巧的问题，但是企业的人才引入机制，培养使用机制却是企业能否有创新发展的关键因素。虽然很多企业相配套的部门和机构很健全，但是实际操作上是否能够按照企业发展的需要来进行相关的人才匹配就是关键问题，所以人才隐性价值不是体现部门是否存在的问题，而是这个部门能否给企业带来积极的帮助。

五、组织流程价值

每个企业都有自己的流程，老企业除了有公司规定的组织流程之外还有看不到的约定俗成的流程，这个程序大家心知肚明并且只可意会。如果说决定事情的因素是人，那么能够约束人的就是制度和流程了，往往流程问题成了很多企业发展的障碍，营销部门和各个部门的衔接不畅在一些企业中已成常态，这种隐性价值会给企业的机能带来负面影响，小到日常问题的解决，大到影响公司决策过程。

六、文化思想价值

企业文化的隐性价值，主要的价值所在是为企业约束没有制度规定的盲区，往往这种文化会在企业员工中间形成一种习惯，这种习惯也许是积极的，也许是消极的，但是一旦形成会在一段时间内影响着企业的进步和发展，文化的隐性价值更像是一种氛围，在氛围积极因素多的情况下，企业会蒸蒸日上，在氛围消极因素多的情况下，企业往往业绩平平。

我们可以看到企业的隐性价值在不经意之间就会决定着企业的命运，隐性价值和显性价值在企业内部是一个平衡体，如果企业内部的隐性价值已经远远的滞后于企业的显性价值，那么这个企业即将迎来一个瓶颈时期，改革在所难免。在很多企业一味地追求以结果为导向的时候，一定要十分关注存在于企业之中看不到摸不着的隐性价值，只有不断地提升企业的隐性价值，才能让企业的显性价值不断的获得提升。

第一节　决策价值是企业方向之本

一、决策的含义

决策一词的含义，有如下几种理解：①用于决策分析的各种方法，即所谓“决策论”；②决策领导者处理重大事件所下的决心和行为；③决策的全过程。决策不应该理解为仅仅是决策者“拍板”那一瞬间，而是应该包括一连串的准备工作和计划执行的行为。

人类大脑器官的思维活动，最终体现于人的各种行为效应。由思维活动过渡到行为之前，这中间必然形成某种明显的动机。决策人的动机，就是人们在社会或自然环境中，基于某种理想而产生的将要追求的目标。当人们经过思考，决心采取行动去达到这种目标时，便产生了决策。决策是同其所期望达到的目标紧紧连接在一起的，没有目标当然也就谈不到决策过程。

二、决策在管理实践中的价值

决策在管理实践中具有重要的作用，决策是一切行动的基础，它能指明方向、调动资源、显示组织的价值追求。

(1) 决策规定了组织活动的方向和路线。一个组织需要完成什么任务，达到什么目标，物向何处使用，财向何处流通，信息如何处理等，这些涉及到方向性、全局性的问题都需要通过管理者的决策来完成。管理者的决策往往直接关系到一个国家、一个地区、一个部门、一个单位的方向和命运。

(2) 决策能显示出整体活动的效能。决策是事物发展到一定阶段的必然要求，是在调查研究的基础上对历史条件、现实状况以及环境分析之后作出科学论证的结果，同时又要在优选方案之后予以实施。所以，它不仅具有客观性、科学性，而且具有最佳效能。决策的科学性决定着一个国家、一个地区、一个部门和单位整体活动的效应。

(3) 正确的决策能推动全盘工作和谐发展。决策在管理活动的全过程中起着核心的作用，一个重大的决策能推动全盘工作。因此，管理活动和管理者的工作水平等都体现在决策上。

决策在今天管理实践中受到了高度重视，但在几十年前，无论是企业管理者还是政府管理者远非像今天这样高度重视决策，这种态度的转变是诸多惨痛的历史教训促成的。

美国在1929年开始的大萧条之前，工商界普遍忙于扩张，由于当时供需严重不平衡，供给的短缺使企业家所要考虑的主要事情是如何扩大产量，至于产品是否符合消费者的需求以及如何来创造新的需求、如何设计未来的生活模式都不是企业家要着力解决的问题。福特公司的创始人老福特有一句名言："不管顾客需要什么，我只生产黑色轿车。"但是看看今天的轿车市场，外观、色彩、技术、性能简直是以令人目不暇接的速度在变化，如果今天还有企业家抱着老福特当年的观点参与竞争，这样的企业恐怕是难逃破产命运的。当时的企业组织结构也充分反映出管理者对决策的轻视，当时企业内部的组织结构普遍是一种金字塔式结构，所有权和管理权尚未有效分离，企业的决策者往往就是企业的所有者和管理者，即便是大企业也不例外。当时通用汽车公司规模已是极为庞大，但其高层决策人员仅有总裁格兰特一人，他手下有4位秘书，负责将公司各方面信息收集汇报给他，几乎所有的决策都由格兰特一人做出。1929年危机来临时，通用汽车公司巨大的库存已使公司面临破产的严峻考验，为了挽救公司，格兰特被迫出让公司股份，杜邦三兄弟之一的皮埃尔·杜邦成为通用汽车公司的新总裁，其拯救公司的主要措施就是改革公司高层管理，将公司产品划分为四大类，分别独立核算，独立对市场作出反应，力图通过对市场准确、快速的决策来拯救公司。皮埃尔·杜邦的改革使一种新型的组织结构出现在企业界，这就是今天在大公司普遍采用的事业部组织结构，其实质就是使公司的决策能贴近市场，能快速、准确地对市场的变化作出反应，使公司能在一个变动不定的市场环境中生存和发展。正是由于通用汽车公司组织结构的创造性变革，才使通用汽车公司能在残酷的市场竞争中不断成长壮大，成为今天世界上首屈一指的跨国公司。

三、科学的决策程序

广义而言，决策是人们在做出最后选择之前所进行的一切活动，是人们为了达到一定目标，在掌握充分的信息和对有关情况进行深刻分析的基础上，用科学的方法拟定并评估各种方案，从中选出合理行动方案的过程。

决策的实质是一个分析、判断和选择的过程。也就是说，决策是为达到一定的目标，从两个或多个可行方案中选择一个合理方案的分析判断和抉择的过程。决策理论学派的代表人物西蒙认为：决策过程可划分为 4 个主要阶段：①找出制定决策的理由；②找到可能的行动方案；③对诸行动方案进行评价和抉择；④对于付诸实施的抉择进行评价。从心理学的角度看，决策过程的前 3 个阶段与人类解决问题的思维过程的基本步骤是紧密联系的。这 3 个基本步骤是：问题是什么；备选方案是什么；哪个备选方案最好。前 3 个阶段是决策过程的核心，后经过执行过程中的评价阶段，又进入一轮新的决策循环，因此决策实际上是一个“决策—实施—再决策—再实施”的连续不断的循环过程，贯穿于全部管理活动的始终，贯穿于管理的各种职能活动中，即贯穿于计划、组织、人员配备、指导与领导和控制活动之中。决策是管理活动的核心，是高层管理人员的主要任务。西蒙认为：“为了了解决策的含义，就得将决策一词从广义上予以理解，这样，它和管理一词几近同义。”

西蒙的决策过程可以进行更加具体的划分，分别为：发现问题、确定目标、制定备选方案、评估和选择方案、尝试实施、评估实施效果、普遍实施等七个阶段。

（一）发现问题

优秀的管理者是善于发现问题的，他们往往对环境的变化极为敏感，能及时发觉环境的变化，以及环境变化对组织发展的影响。好的问题的提出往往意味着对未来的超前把握，糟糕的管理者往往是等到局面已经严重恶化方才醒悟，结果常常是被现实赶着走，而难于超越现实。如中国加入 WTO，国内许多公司的管理者敏感地意识到中国一旦加入 WTO，企业竞争的环境将发生根本性变化，原有的竞争方法、盈利目标、企业规划都必须重新考虑，以适应未来的竞争环境，而为了找到在 WTO 体系下的取胜之道，众多富有远见的企业管理者纷纷借助外脑，向大学、研究机构学习，并发动员工对比现实探讨未来的取胜之道。力图未雨绸缪，能在挑战来临时游刃有余。

优秀的管理者之所以常能先人一步发现问题，主要是因为他们习惯于憧憬未来，能超越现实，让思想境界扩展到未来。发现问题需要一个过程，这个过程是把初期不太明确的问题逐步变为具体、明确的问题的过程，即从只知道有问题到知道哪里有问题，有什么问题。

（二）确定目标

要很好地解决问题，必须首先确立一个合理的目标。由于未来的环境高度不确定，影响某一目标达成的要素往往会随着时间的变化而不断变化，从而最终影响目标的完成。因而，目标的确立必须对相关影响因素的变动有大体的判断，并对目标完成主体的能力和主观努力程度有较好的把握，才能确立一个较为合理的目标。如中国在加入 WTO 之后，我们的轿车企业如何抗击国外企业的竞争并在竞争中不至于全军覆没呢？无疑，确立一个合理的目标是我国轿车企业的管理者面临的一个现实而重大的决策，希望中国轿车市场容量能迅速发展到美国轿车市场的规模，从而迅速提升企业制造规模以降低制造成本是不太实际的，而如果达不到规模经济所要求的规模要求，就意味着中国的轿车企业将会被无情淘汰出局，基于这种竞争局面，国内大多数企业都主动选择了兼并重组并借助与国外轿车巨头合作，以实现在空前残酷的竞争环境中能不被淘汰。如一汽轿车就选择通过兼并天津汽车来切入家庭轿车市场，而并未选择自己单独大力发展家庭轿车，应该说，一汽轿车选择的目标是较为合理的。

（三）制定多种备选方案

决策的质量首先要看在决策思考阶段是否将大部分可能的方案全部列出，并对这些方案有合理的评价。管理者经常需要决策，就是由于可能实现目标的方案太多，由于未来的非确定性，使方案有了优劣之分，需要管理者作出取舍。没有选择就没有决策。没有选择的决策，只能是孤注一掷，背水一战，其结果往往是一棵树上吊死。英国把没有选择余地的决策叫“霍布森选择”。1631 年英国剑桥商人霍布森贩马时，把马匹放出来供顾客挑选，但附加了一个条件：只允许挑选最靠近门边的那匹马。加上这个条件实质上等于不要选择。从此以后，人们就把“霍布森选择”当做讽刺语。所以只有一种方案是决策的最大忌讳。

能否将实现目标可能性较大的方案全部列出，依赖管理者群体的视野是否广阔。俗话说：百密一疏。任何一个管理者都不太可能将未来的一切变化均纳入视野，并妥善处理。诸葛亮作为中国古代最杰出的军事指挥家之一，素来明察秋毫，但仍出现了失街亭之败绩，更何况普通人呢？因此，高质量的决策首先就要求决策者有民主的作风，能广开言路、从善如流，以将可能性较大的方案全部找出。

制定多种备选方案有两种思路：其一，设想未来环境的变化趋势，根据罗列出的未来可能性发展趋势来确定备选方案；其二，根据影响目标达成的要素的可能性变化来制定备选方案。如中国轿车企业应对中国加入WTO之后的残酷竞争从这两种思路出发就可以得到多种方案：从第一个思路出发，管理者可以潜心研究WTO的框架体系与中国现有市场环境有何不同，为什么WTO的法律体系能成为全世界一百多个国家拥护的市场经济准则，中国市场准则与WTO有何冲突，政府准备在多长时间内开放相关领域，这种大范围的开放会导致竞争手段出现何种变化，外国轿车的大量涌入会使竞争达到何种程度，等等。在这些基本问题明了之后，决策者就可以确定几种可能的应对方案，如与外资合资尽快提升技术，兼并重组国内企业尽快提升规模，到海外上市融资、加紧技术人才的引进等。依据第二个思路，如果管理者确定要在昂贵轿车市场与国外产品竞争，就必须明确昂贵轿车市场的竞争优势要通过何种方式才能具备，由于昂贵轿车竞争的核心在于技术和设计能力以及服务水平，这就需要高素质的研发和服务人员，管理者必须探讨：国内是否能培养出足够数量的高素质的研发人员，自己的企业能否吸引到这样的人员，现有的管理制度能否将这些人员的创造力充分释放出来，如果国内培养不出足够数量的高素质研发人员，能否吸引到国外的同类人员等；如果企业确定要在经济型轿车市场竞争，由于经济型轿车市场竞争的核心在于价格和提供一般性能的服务，不要求产品具备世界一流的技术，但要求用低成本来生产，这就需要企业的规模足够大，对融资能力的要求、对管理大量员工的能力要求和对吸收技术的能力要求特别高。还有资金从何而来，未来市场的融资环境会发生何种变化，能否满足企业的融资需求等。

拟订各种决策方案，供决策选择，这是做好科学决策的主要环节之一。在科学技术日益发展，各方面信息倍增，各种情况快速变化的现代社会里，只靠管理者个人提出各种方案是有困难的。因而要使管理者有许多可供选择的方案，就必须建立咨询机构、参谋系统、设计系统等组织机构，协助管理者拟定多种方案。

（四）评估和选择方案

选择方案是决策中的关键阶段。在几个方案中究竟选择哪个比较好，好的标准是什么，怎样选，这是困扰管理者的一大难题，如果外界环境高度不确定，那么任何方案都无所谓好与坏，但正是因为外界环境发展趋势的可能性不同使得挑选方案有了规律可寻。

从本质上讲，选择方案的过程就是对未来环境变化的预测过程。毛主席说得好："实践是检验真理的唯一标准。"任何方案最终都必须放到现实之中，好的方案一定是首先立足于对未来发展趋势判断准确的基础上，然后基于环境的发展变化有切实可行的应对方法。因此，方案的选择就必须注意如下几点。

1. 要对各种方案进行严格的论证

方案的设计要有开拓创新精神和丰富大胆的想象力，严格论证就需要有冷静的头脑和务实的态度。只有通过严格的论证，才能筛选出一些符合实际的方案。方案过多会使决策者感到眼花缭乱、无所适从。一般来说，送给决策者最后有选择价值的方案不能超过 6 个。所以要事先淘汰掉一些方案。这就要求在拟定方案阶段要对各种问题进行冷静的思考，对各种数据进行反复的核算，对各种资料与初步的结论进行严密的论证和细致的推敲，使其经得起怀疑者和反对者的挑剔。方案的论证不是将方案与方案之间进行比较，而是对方案与未来的变化进行比较，拿方案与方案进行比较往往会使人失去评价标准。

论证的方法有如下 3 种。

（1）经验判断法。这是人们最常用的一种方法。采用这种方法时要根据所拟定方案的多寡区别对待。在方案比较少的情况下，决策人经过综合判断，根据自己的实践经验可以直接看出哪个方案最好。这种选择过程比较简单。可是在实际工作中由于问题复杂，不但目标和变量多，而且所拟定的备用方案也不少，这时就很难确定哪个是最优方案。因此人们给方案排队，按优选标准进行筛选淘汰。经过几番比较逐步缩小选择的范围，直到能够用经验判断出最优方案为止。

（2）模拟试验法。这是一种操作性很强的方法。有些复杂的决策，虽然经过反复的讨论、计算、比较和推敲，在方向、理论和预测价值上都比较好，但自己和别人都未实行过，无先例可以借鉴，对其效果仍然缺乏把握。因此就要在比较小的范围内进行模拟试验，总结了经验教训之后，再确定是否选择。

（3）数学分析法。这也是人们经过努力在实践中总结出来的一种选择方案的科学方法。因为在工作实践中有些方案的控制变量是属于连续型的，即变量的两个变异之间存在着无数个中间数值。例如，成本、产值、利润就是3个连续的变量，这种连续型的控制变量就意味着有多个备用的选择方案。在这众多的方案中既不能用经验来判断优劣，也不能用模拟试验找到最优方案，它只能按照各种客观状态下出现的概率，通过数学分析的方法，使决策达到相对准确的优化。

2. 预测方案实施的后果

任何方案都不是虚设的一张废纸，一旦形成就要付诸实施。一个方案的优劣对决策目标的后果有着极其重要的影响，所以要全面准确地预测方案的后果。在预测方案后果时要注意以下四点：①要照顾全局，这是预测方案的根本原则。如果一个方案仅对本部门、本单位或本系统有利，而对其他单位、其他系统或者整个国家的利益有害，那么这个方案就不能选用。②必须预测到影响决策目标的全部后果。不应当只顾及眼前的、具体的、直接的、经济的后果，而忽视长远的、无形的、间接的、社会的后果。③要重视预测方案执行后正反两方面的结果。既要对方案执行后的优势有所预测，又要对方案执行后的不足有所估计。不能顾此失彼，这样才能防患于未然。④在预测方案的结果时，不仅要预测技术上的后果，还要重视预测人的因素在执行中所起的作用。有些决策方案通过反复论证，从技术上看是正确的、先进的。可是由于人们认识上的差异，可能会产生截然相反的两种后果。

3. 克服障碍决策的各种因素

任何决策都不可能一帆风顺，总会遇到这样或那样的障碍因素。如社会因素（社会风气）、个人因素（缺乏开拓、创新精神）、认识因素（先入为主）

等各种障碍因素。作为一个领导者不仅不能回避它，而且要以科学的态度在分析研究的基础上，予以慎重对待。决策不能不顾客观条件固执己见、一意孤行；既要全面思考权衡各种利弊，又不能优柔寡断、议而不决。

（五）尝试实施

为了审慎，再周密的方案在大规模实施前都应尽可能做一个小规模的尝试，没有条件的可以到其他曾经实施过类似方案的组织去实地考察。尝试实施的目的是为了检验方案的可行性，了解在具体实施过程中还有哪些问题事先没有考虑周全，是否具备实施的条件。如我国三峡工程的决策，由于三峡工程是目前全世界最大的水利工程，涉及数以百万计的移民，工程的难度、技术、资金、管理等均需要管理者进行决策，为求慎重，在三峡工程开工之前，我国建设了葛洲坝水利工程，以检验我国是否有足够的实力较好地完成这一浩大工程，葛洲坝水利工程的建设为三峡工程做了很好的铺垫。

（六）评估尝试实施效果

小规模的尝试实施要起到其应有的作用，管理者必须对尝试实施的效果进行审慎评估。方案设计不周全的要及时予以修正，效果不好的要及时予以中止，评估的过程就是对决策不断完善的过程。

我国的改革开放之所以能取得辉煌的成就，与中国政府对改革决策高度审慎的态度密不可分，每一次重大改革措施的出台，事先都要在某一个地区先行试验，以检验决策的可行性，及时发现决策中存在的问题。经过这样的提升之后，方才大规模地推广，使得中国的改革能平稳向前推进，既保持了社会的稳定，又推动了社会制度的变革，实现了低成本的社会改革目标。

（七）组织实施

这是决策的最终环节。在实施之前，要反复检查实施的各种相关条件，注意决策目标实施的层次性，严格控制整个组织实施的方向，保证不偏离既定的方针。要动员人们实现决策目标，必须使目标定得明了、准确和具体。如果执行者对目标隔雾看花、模糊不清，就不可能奋力执行。

组织实施尤其需要发挥实施者的主观能动性，要搞好任何一件有意义的事情都会碰到这样或那样的困难，这是正常的，关键是实践者要有一个正确对待困难与克服困难的态度。任何奇迹都是人创造出来的，但是应当注意，人们凭干劲创造奇迹时，首先要创造出奇迹的条件，主观能动性不是精神万能论。其中科学的态度是一个重要的因素，解决任何问题都必须坚持实事求是的态度，既要发挥克服困难的精神，又不能蛮干。

决策是衡量管理者管理能力的核心指标，“将帅无能，累死三军”，由于管理者的决策往往意味着大量的资源被调动，一旦出现大的失误，常会造成巨大的损失。因而，任何一个有志成为管理者的人都必须认真研究科学决策的基本程序和基本要件，以保证决策的科学性。

四、科学决策的基本要件

决策并非主观武断或盲目“拍板”。科学的决策，应当通过认真研究，实事求是地分析，去粗取精，去伪存真，由此及彼，由表及里，把握住事物变化的规律，从而作出合理、可行的决断。因此，科学的决策是需要具备一些基本要件的。

1. 抓住问题的本质

问题的本质常被诸多现象所覆盖，没有管理才能的人常常是就事论事，而不能透过现象看到问题的本质。作为管理者，一个基本的素质是能透过现象直视问题的本质，只有能看到本质的人才能总揽全局，不被局部的现象所迷惑，牢牢掌握问题的发展方向。

决策首先要求找出关键性问题和认准问题的要害。要找出为什么要针对这个问题而不是针对其他问题作决策的理由。关键问题抓不准或者问题的要害抓不准就解决不了问题，所作的各种决策就不可能是合理的、有效的。

2. 明确决策的目标

找到关键的问题，还需明确决策目标。实践证明，失败的决策往往是由于决策目标不正确或不明确。犹豫不决，通常也是由于目标很模糊或设立得不合理。美国管理学家德鲁克曾在他所著的《有效的管理者》一书中举过这样一个例子：1965 年 11 月，美国整个东北部地区，从圣罗伦斯到华盛顿一带，发生过一次美国历史上最严重的全面停电事件，在大停电的那天早上，纽约市所有的报纸都没能出版，只有《纽约时报》出版了。原来在那天停电时，《纽约时报》当即决定把报纸改在赫德逊河对岸的纽华克印刷。当时，纽华克还没有停电。虽有此英明决策，发行一百多万份的《纽约时报》，也只有不到半数的份数送到读者手中。这其中有个原因。据说正好《纽约时报》上了印刷机后，时报总编辑忽然跟他的3位助手发生了争论，争论的问题是某一英文单词如何分节。据说争论持续了48分钟之久，恰好占去了该报仅有的印刷时间的一半。争论的理由是该报制定有一套英文写作标准，印出的报纸绝不允许有任何文法上的错误，这就使得总编辑在出现意外停电的情况时，认识不到保证时报每天的发行份数已成为更紧迫的目标，从而使上述正确决策未能有效贯彻实施。可见，目标对于正确决策起着多么大的决定作用。

3. 至少要有两个以上的可行方案

决策过程的第二阶段强调要找到几个可能的行动方案。决策的基本含义是抉择。而如果只有一种方案，无选择余地，也就无所谓决策。没有比较就没有鉴别，更谈不到所谓“最佳”。国外有一条管理人员熟悉的格言：如果看来只有一种行事方法，那么这种方法很可能是错的。要求多个可行方案的过程，通常是一个创新的过程，每个可行方案都要具有下列条件：①能够实现预期目标；②各种影响因素都能定性与定量地分析；③不可控的因素也大体能估计出其发生的概率。

在制定可行方案时，还应满足整体详尽性和相互排斥性的要求。所谓整体详尽性，是指将各种可能实现的方案尽量都考虑到，以免漏掉那些可能是最好的方案。例如，20世纪60年代美国顺利实施的阿波罗工程，就是在3种可能的方案中进行正确选择的结果。这3种方案是：①直接发射飞船；②在地球轨道上交会后向月面发射飞船；③在月球轨道上交会后向月面发射登月舱。前两个方案的研制难度、研制时间都不能保证实现60年代末把人送上月球的目标；第三个方案需要的助推火箭推力最小，实现的技术难度较低，最有可能保证实施上述目标。事实证明，这种决策是正确的。所谓相互排斥性，就是说可行方案本身要尽量相互独立，不要互相包含，当然更不应当为了选择硬凑出某个方案来。

4. 对各可行方案进行评价和抉择

每个实现决策目标的方案，都会对目标的实现发挥某种积极作用和影响，也会产生消极作用和影响。因此必须对每个可行方案进行综合的分析和评价，即进行可行性研究。可行性研究是决策的重要环节。决策方案不但必须在技术上和经济上可行，而且应当考虑社会、政治、文化等方面的因素，还要使决策结果的负作用（如环境污染）减小到可以允许的范围内。通过可行性分析，确定出每个方案的经济效益和社会效益以及可能带来的潜在问题，以便比较各个方案的优劣，从中选择最佳方案。

在方案选择方面，主要的困难往往是由于存在多个目标，且各个目标间可能是因为存在冲突而产生的，“既要马儿跑得快，又要马儿不吃草”是不可能的。然而，现实中让马儿跑得更快，同时草吃得更少的事情不但比比皆是，而且也正是人们实际追求的目标。为了解决目标决策的困难，通常的方法是根据目标的相对重要性排出先后次序，然后通过加权求和的方式将其综合为一个目标；或者将一些次要目标看作决策的限制条件，而使某个主要目标达到最大（或最小）来选择方案。多目标决策问题至今仍是一个非常活跃的研究领域。

5. 敢冒风险

我们已经指出了在多个互相冲突的目标下进行方案抉择很困难，然而，抉择的困难还不止于此。决策的风险是抉择时始终会遇到的另一个主要困难。因为人们不是对过去的事作决策，决策必然是为将来而作，而将来几乎总是包含着不肯定的因素。所以，那种有百分之百的把握，不冒任何风险的决策，不但因为它过于保守不合管理的需要，而且客观上也是很少有的。一般来说，那些看上去越是可能获得高收益的方案，隐含的风险也往往越大，这几乎成为一种常识。因此，对于决策者来说，一方面，基本的要求是要敢于冒风险，敢于承担责任。也就是说，要求决策者要有胆识，要有勇气。另一方面，管理决策不是赌博，敢于冒风险不等于蛮干。决策者必须清醒地估计到各项决策方案的风险程度；估计到最坏的可能性并拟定出相应的对策，使风险损失不致引起灾难性的、不可挽回的后果；必须尽量收集与未来环境有关的必要信息，以便作出正确的判断；同时还应考虑到是不是到了非冒更大风险不可的地步。最后，决策者还应当对决策的时机是否成熟有准确的判断。这些都有助于决策者将决策方案的风险减至最小。

第二节　流程管理是企业管理设计的根本

企业流程管理主要是对企业内部改革，改变企业职能管理机构重叠、中间层次多、流程不闭环等，使每个流程可从头至尾由一个职能机构管理，做到机构不重叠、业务不重复，达到缩短流程周期、节约运作资本的作用。

流程管理最终目标是提高顾客满意度和公司的市场竞争能力并达到提高企业绩效的目的。依据企业的发展时期来决定流程改善的总体目标。在总体目标的指导下，再制定每类业务或单位流程的改善目标。

一、流程管理的宗旨

（1）通过精细化管理提高受控程度。

（2）通过流程的优化提高工作效率。

（3）通过制度或规范使隐性知识显性化。

（4）通过流程化管理提高资源合理配置程度。

（5）快速实现管理复制。

二、流程管理的层次

1. 流程规范

整理企业流程，界定流程各环节内容及各环节间交接关系，形成业务的无缝衔接，适合所有企业的正常运营时期。

2. 流程优化

适合企业任何时期，流程的持续优化过程，持续审视企业的流程和优化流程，不断自我完善和强化企业的流程体系。

3. 流程再造

重新审视企业的流程和再设计。适合于企业的变革时期与企业的变革阶段：治理结构的变化、购并、企业战略的改变、商业模式发生变化、新技术、新工艺、新产品的出现、新市场的出现等。

三、流程管理的基本特征

企业的流程按其功能可以分为业务流程与管理流程两大类别。

（1）业务流程是指以面向顾客直接产生价值增值的流程。

（2）管理流程是指为了控制风险、降低成本、提高服务质量、提高工作效率、提高对市场的反应速度，最终提高顾客满意度和企业市场竞争能力并达到利润最大化和提高经营效益的目的的流程。

企业内的一切流程都应以企业目标为根本依据，尤其是管理流程：对外，面向客户，提高业务流程的效率；对内，面向企业目标，提高管理流程的效率，平衡企业各方资源（生产线平衡），控制总体效率的平衡，实现企业总体绩效。

四、流程管理的目的

第一种观点：

（1）保证业务流程面向客户。

（2）保证管理流程面向企业目标。

（3）流程中的活动都是增值的活动。

（4）员工的每一个活动都是实现企业目标的一部分。

（5）流程持续改进，永不过时。

第二种观点：

按具体目的来分，企业对流程进行管理的目的有 5 种。

（1）梳理——工作顺畅，信息畅通。

（2）显化——建立工作准则，便于查阅流程，便于了解流程，便于工作沟通，便于发现问题，便于复制流程，便于公司对流程的管理。

（3）优化——不断改善工作，提升工作效率。

（4）监控——找到监测点，监控流程绩效。

（5）监督——便于上级对工作的监督。

这 5 种目的，企业需要根据自身发展阶段和遇到的具体问题而有所侧重，一般而言，对一个公司而言，开展流程管理第一阶段的目标是：①理顺；

②显化，固定，使有可复制性；③监控；④监督。

在完成第一阶段目标后，为了获取持续竞争优势和扩大发展，第二阶段的流程管理原则如下。

（1）面向企业目标原则。

（2）工作流程设计体现全流程观念。

（3）业务流程形成闭环管理。

（4）面向客户的原则。

五、流程管理与审计的关系

第一，审计中相同问题的频繁出现。

常年从事审计的人员会发现每年都会审计出同样的问题，如往来款函证不及时、盘点差错率高、资产负债率高等，原因大都归咎于整改不到位。实际上，一些问题通过整改解决后，过一段时间又会重新出现或以不同形式出现，使审计工作徒劳无功。归纳原因主要为：一是被审单位整改态度消极；二是被审单位急功近利，若审计整改限期完成，被审单位则会更多地关注现有问题的解决，从而忽视防范和规避风险；三是被审单位整改措施不当，如果审计发现有贪污或坐支的现象，则整改时首先要检查的公司内部控制和流程管理的是否出了问题，而不能简单局限于对当事会计、出纳进行惩罚和告诫；四是被审单位人员更迭，而单位内部控制不强、流程管理不清晰，没有制度的刚性约束，前任会计犯的错误很容易在现任会计中再次发生。由此可知，审计整改更应重视内部控制建设和业务流程管理，通过流程再造对发现的问题达到标本兼治的效果。

第二，业务流程管理是内控体系建设的关键环节。

“业务流程”是指通过规范一系列连续有规律的行动的发生和执行来实现预期目标的过程。“业务流程管理”是指在不断的变革中对企业所有的内外业务通过制度化的控制手段和图形化的流程模型来进行管理，达到优化业务流程、提高获利能力。企业要加强内部控制、保障持续健康发展，进行流程管理是关键环节。

一是流程管理是内控体系的载体。内控体系要通过流程管理发挥作用，如对库存现金的控制首先要明确库存现金的存、取管理流程，再从流程中分析审批、支出、收入、日限额控制等关键控制点，制定严格的控制制度，确保库存现金的安全，梳理明确业务流程将使内部控制发挥最大的效用，并能促使各项制度有效地贯彻和实施。二是流程管理使审计工作有章可循，提高了审计效率。经验证明，从业务流程入手开展审计，在管理控制的链条中查找问题，使审计工作很快切入问题根源，提高效率，并且从根本上强化企业的内部控制。如被审单位存在盘点差错率高的问题，审计时首先要看单位的盘点制度和管理流程，不是仅关注现场盘点的差错率，而是重新审视单位过去会计期间盘点的频率、差错率的真实性、询问盘点人监盘人进行盘点的过程、对盘点差错率的处理等，认真了解公司的库存管理流程，分析差错率高是由流程管理的漏洞造成还是个人的主观原因，最后根据诊断结果确定相应的整改措施或完善制度规范流程或惩戒相关责任人。

第三，审计整改要通过“流程再造”才能标本兼治。

西方管理者将“流程再造”定义为：对企业的业务流程进行基础性再思考和实质性再设计，从而获得在成本、质量、服务和速度等方面业绩的显著改善。企业的发展是一个动态的过程，有效地内部控制同样随着公司的发展而改善。审计工作也需要从“查错防弊”的传统角色中实现增值服务。通过审计来发现“流程管理”中的不足和薄弱环节，通过“流程再造”来完善管理、加强内部控制。“二者结合”将使审计工作和“流程管理”相得益彰。将“流程再造”作为审计整改的方式将达到如下效果。

一是弥补制度缺陷，优化业务流程。审计发现的问题有两种：主观意识错误和制度缺陷。对于后者只有通过“流程再造”细化管理措施、优化业务流程才能彻底铲除问题的根源。对此，审计提出如下“流程再造”的整改意见：建立健全债权债务预警机制，加强对债权的催收。指定专人，定期编制债权债务表，以时间长短为标准，对超过 3 个月的债权债务进行逐笔分析，按风险大小进行排列；对超过 6 个月的债权应进行书面催收，及时判定坏账比例，确保资产安全；对超过 1 年的债权应马上清理完毕，特殊情况要申请，并建立追查机制。对每笔借款要求必须详细说明借款用途、借款期限、还款时间等。量化借款指标，财务上应对借款人的信用进行核实，主要审核该人历史借款情况：借款的时间、用途，借款的频率，还款情况等。通过上述流程再造，将原来的借款流程“填写借款单→审批→财务记账→出纳付款→还款→财务销账”优化为“建立债权催收机制→填写借款单（说明借款时间、用途、还款期限）→审批（严格按照量化借款指标审批）→核实（财务核实借款人信用状况）→财务记账→出纳付款→催收（按照借款说明的时间、用途和还款期限对借款人进行还款提醒和催收）→还款→财务销账”。

二是规避主观风险，提高审计效率。企业许多问题是由于业务人员不熟悉流程、专业水平低或者人员更迭频繁造成的。通过“流程再造”不断优化业务链条，形成单位自身成熟的管理和控制措施，引导业务人员走上规范的道路，从而规避主观错误风险。同时，实行“业务流程管理”、进行“流程再造”也能促使审计人员通过对公司业务流程的判断，及时发现潜在风险和问题，增大审计价值，提高审计效率。

三是避免错误再次发生，形成良性发展，只有通过“流程再造”严格把控重要环节，促进单位各项业务能够按照流程开展，增强业务管理和控制的自动性，才能有效避免“同样问题重复出现”的情况。通过审计进行不断深入地“流程再造”，不断优化各项业务流程，使管理措施和控制手段不断适应变化的市场环境和企业的发展状态，促进企业实现持续健康的良性发展。

第三节　人才是企业发展的基本力量

传统的竞争优势理论认为，企业的竞争优势来自成本节约和产品质量与特色，凭此以上两点企业就可以在市场上站稳脚跟。但是这两项的优势都是人所创造出来的，所以给企业带来竞争优势的关键并不是产品成本和质量特色，而是人才，人才才是企业最重要的资源。

被誉为人力资源管理开创者的戴夫·乌尔里克认为，唯一有竞争力的武器就是组织，因为传统的竞争要素如成本、技术、分销、制造以及产品特性，它们或早或晚都能被复制，无法保证这个企业就是赢家。只有组织才能为企业赢得独一无二的竞争优势。在组织之中，文化、理念和价值观是不可能在另一个环境中再建的无形资产。在最为知名、最受推崇的企业中，有不少坚持将人力资本看作自己最重要的主导价值，结果成为了行业领袖。这跟基于资源的竞争战略观点是一致的：可持续的竞争优势，来自于不能被模仿或复制的东西。这种不能被模仿或复制的东西是什么呢？那就是人才！

人才的核心竞争优势可以从组织文化得到体现，企业文化是指在长期的生存和发展中形成的，为企业成员所共同遵守的基本信念、价值标准和行为规范。企业文化的核心是企业的价值观。卓越的企业都有基于自身文化的价值观，这些价值观进一步被提升为企业的管理理念。企业良好的组织文化通过尊重个人价值、承认个人价值、提供有利于个人发展的环境能够使组织成员形成认同感和归属感，使企业形成强大的内聚力量。

随着中国经济的快速发展，市场竞争的日益激烈，心理学理论在人力资源开发与管理领域中的应用越来越受到学术界和企业界的重视。为了充分挖掘人才优势并形成良好的组织文化，就必须运用心理规律正确进行人力资源管理。

一、运用心理定势规律，营造企业文化氛围

对于新组织成员的培训，心理定势的作用十分突出，刚录用的成员急于找到组织提倡什么、反对什么、员工应具备什么样的品质等问题的答案。组织应通过培训，使新员工在这些基本问题上形成有利于组织的心理定势，这将对其今后的行为发挥指导和制约作用。

中建五局在新员工入职培训期间会接受军训和课堂培训，局董事长亲自授课向每一位新员工讲解五局的发展历程、“信·和”主流文化，他送给每个员工的人生结果方程式：人生结果＝心智模式×勤勉×能力，令员工在工作的过程中找到了自己具备的优秀素质和需继续努力培养的品质，同时也得到了很多鼓励。我相信这个人生结果方程式对每个人的影响都是一辈子。对于五局的经历，大家深感责任重大，会全力以赴紧跟单位的脚步努力向前。仰天湖项目公司注重对员工的培养，严格按照局文件导师选拔条件，结合公司人才发展战略需要，针对新员工岗位，选派合适的导师进行结对，并签订导师带徒协议，让新员工各方面能得到好的指引。

二、重视心理强化作用，形成良好组织机制

即时表扬或奖励那些与组织文化相一致的思想和行为，即时批评或惩罚与组织文化相背离的思想和文化。

中建五局建立了三大活力机制：人员能进能出；干部能上能下；收入能增能减。同时，仰天湖项目公司采用“胡萝卜加大棒”促进工作过程中各部门形成你追我赶的局面。每月月底领导班子会针对各部门的月度表现做出客观、公平的考核，考核结果直接与各部门绩效挂钩，以达到促进团队整体进步；每季度举行员工综合考核，员工针对本季度的个人表现进行述职报告，促使员工每次考核后都有明确的目标和清晰的工作思路。

三、利用从众心理，形成团队合力

组织领导者应动员一切舆论工具，大力宣传组织文化，主动利用从众心理，促成组织成员行动上的一致。

中建五局近年对各分公司、各项目公司下发企业文化书籍，以达到企业文化在所有五局人心里落地生根。仰天湖项目公司从组建以来积极践行五局“信·和”主流文化，项目受省市领导高度关注，在项目开工典礼期间向众多领导送发中建五局《信和文化手册》《四组关系》等书籍。在团队建设方面制定“团结、高效、创新”的团队建设理念，促使大家共同进步、共同发展。

四、培养认同心理，创建学习型组织

组织负责人取得成员的认同很有必要、也特别重要，成员对组织主要负责人的认同感一旦产生，就会心甘情愿地把他所倡导的价值观、行为规范当做自己的价值观、行为规范，从而形成组织负责人所期望的组织文化。此外，还应着重培养员工对组织的认同感。为此，企业应尽量使组织的目标中包含众多的个人目标，使组织的利益与员工的利益密切挂钩。

在局投资管理公司2012年工作会上，仰天湖项目公司领导班子、部门负责人与青年员工代表共计20人参会，作为此次参会人员最多的项目公司，大家对局“标化管理年”和投资公司“规范管理年”的主题报告进行深入学习，

紧紧围绕主题切实开展各项工作，努力推进公司的持续健康发展。为了增强员工的对企业的认同感，仰天湖项目公司积极举办学超英活动；设置员工阅览室，提高员工的文化素养及内涵，提升员工学习积极性，努力打造学习型组织，让员工在学习中进步；积极组织开展集体活动，如集体生日会和元旦联欢会，加强全体员工的沟通交流，令员工在企业中找到归属感。

五、激发模仿心理，共同创先争优

使组织中的英雄人物、模范人物，特别是组织的主要负责人成为组织文化的人格化代表。为此组织的主要负责人应身先士卒，同时大力表彰各种模范和先进工作者，在组织内掀起学先进、赶先进、超先进的热潮。

随着，云南昭通水绥公路工程指挥部指挥长彭小毛及指挥部其他人员的加入，仰天湖项目公司员工以其为榜样，学习“重信守诺、克难攻坚、奋勇争先、和谐共建”的水绥精神。启动“我向超英学什么”等系列活动，实现员工思想道德境界提升并形成良好的公司氛围，使之深刻认识到“超英精神”对本单位思想建设的重要性，令员工真切地感受身边的人和事，在潜移默化中成长。

六、缓解挫折心理，注重心态调整

组织成员间、上下级间、同事间总会出现一些矛盾和冲突，员工可能就此产生挫折心理。所以组织内部应用恰当的发泄渠道，有“出气孔”可随时“减压”。如日本松下电器公司下属的各个企业都有被称为“出气室”的精神健康室。与此同时，企业还应注意处理员工的挫折行为，可以尝试通过 EAP（员工心理援助计划）帮助员工解决某些问题。

仰天湖项目公司开展“一问一计”活动，员工可将合理诉求和对公司管理的意见及建议直接投至总经理信箱，让公司领导及时了解基层员工的工作和生活情况，并有针对性地解决。项目公司注重员工心态的调整，由项目公司领导主持心态杂谈，大家从游戏和故事中感悟到了人生的真谛，也让每个人完全明白心态在人生旅途中对自身的影响，心态决定人生的发展。促使员工在工作和生活中及时调整心态，保持积极向上的劲头争取更大的进步。

企业文化和管理理念非常之重要，信念与态度会让企业创造出建立独特竞争优势的能力。人才的培养对于企业至关重要，企业在管理过程中应多注重运用人力资源相关的管理方法，从而获得人才资源的竞争优势。

第四节　薪酬激励决定着心态平衡

薪酬是指劳动者依靠劳动所获得的所有劳动报酬的总和。激励，简言之就是调动人的工作积极性，把其潜在的能力充分地发挥出来。薪酬激励就是有效地提高员工工作的积极性，在此基础上促进效率的提高，最终能够促进企业的发展。在企业盈利的同时，员工的能力也能得到很好的提升，实现自我价值。

一、薪酬含义

经济学上，薪酬是指劳动者依靠劳动所获得的所有劳动报酬的总和。现代意义上的企业薪酬，是指企业对为实现企业目标以法定货币和法定形式定期或不定期支付给员工的一种劳动报酬。从字面上理解，薪酬即含有薪水和酬劳的意思，它是企业对员工提供劳务和所做贡献的回报，可界定为直接薪酬和间接薪酬两种形式。直接薪酬包括：①工资；②奖金；③年薪。间接报酬可包括：①福利；②红利；③股权。其中福利是对工资或奖金等难以包含、准确反映情况的一种补充性报酬，可以不以货币形式直接支付。如带薪节假日、医疗、安全保护、保险等。

二、激励原理

激励，简言之就是调动人的工作积极性，把其潜在的能力充分地发挥出来。从组织的角度来说，管理者激励下属，就是要激发和鼓励下属朝着组织所期望的目标表现出积极主动的、符合要求的工作行为。激励原本是心理学的概念，表示某种动机如何产生以及产生的原因是什么，人们朝向既定的目标前行所产生的心理活动是怎样的。因此，激励可以理解为一种起到推动、促进的精神力量，在某种程度上可以发挥行为导向的作用。一些专家学者认为，激励是主体通过运用一些手段或方式来刺激客体以达到预期的目标。在一些大中型企业，激励的目标就是为了调动各个岗位员工的工作积极性，创造性，达到企业盈利的目的。

激励的原理可以从四个层面上进行论述：行为科学理论认为“绩效＝能力－动机激发程度”。在能力不变的条件下，工作成绩的大小在很大程度上取决于受到的激励程度的高低。也就是说，能力是基础、激励是动力、而最为重要的便是客体的积极性、主动性的问题了；从需要层次理论上来看，需要是人类生存和发展的必要条件，它指某人对目标的渴望而以此激励人们的行为，是个性积极性的源泉和内驱力。

薪酬激励必要性及原则：激励是管理的核心，而薪酬激励又是企业激励中最重要的也是最有效的激励手段。薪酬激励的目的之一是有效提高员工工作的积极性，在此基础上促进效率的提高，最终能够促进企业的发展。在企业盈利的同时，员工的能力也能得到很好的提升，实现自我价值。

三、薪酬激励与绩效管理

两者的意义是激励员工，使得员工能力资源最大利益化，前者主要表现在每个方面，而绩效管理主要是在工作任务、业务能力上。

随着人力资源管理理论发展，人们对“薪酬”的认识逐渐发生了变化。薪酬不再仅仅是对员工付出的回报，而成为了激励手段。有效的薪酬激励可以吸引优秀人才进入组织，可以使核心员工留在组织，可以使员工高效工作。

薪酬激励是经济学和管理学研究的重点问题。经济学视角下，比较有影响的薪酬激励理论有：委托代理理论、人力资本理论、按贡献分配理论、分享经济理论、知识价值理论。这些理论从不同侧面说明了薪酬，特别是绩效工资，是一种直接有效的激励手段。相比于经济学“理性人”假设，管理学认为现实中的个体是“社会人”，更具现实意义。尽管各种管理学激励理论阐述重点不同，使用的概念也并不一致，但有一个共同点就是都承认以薪酬为代表的物质激励是激励机制的基础。相关理论主要有需要层次理论、双因素理论、期望理论和激励过程综合理论。

（一）需要层次理论

马斯洛（Maslow）的需要层次理论是最著名、最经典的激励基础理论。该理论有两个基本观点。①人的行为由需要推动，一旦需要满足即失去“动力”，只有需要还未满足时才有激励作用。②人的需要分 5 个层次，它们依次为：生理需要、安全需要、归属与爱的需要、自尊需要和自我实现需要。只有低一层次的需要得到满足时，才能产生高一层次的需要。

阿德弗（Alderfer）重组了马斯洛的需要层次理论，并进行了实证研究，提出 ERG 理论。他认为，人有三种核心需要：生存需要（E）、关联需要（R）和成长需要（G）。多种需要可以同时存在。如果高层次需要不能得到满足，那么满足低层次需要的愿望会更强烈。因此，多种需要可以同时作为激励因素。但由于个人偏好不同，具体的需要层次结构也会呈现多样性的特征。需求层次结构也会随所处的社会环境和人生状态变化而变化。此外，麦克里兰（McClelland）在批判吸收马斯洛理论的基础上，于 1961 年提出成就激励理论，将人的社会性需要归纳为三个层次，即成就需要、权力需要与合群需要。员工由薪酬而产生的心理感受均会影响这 3 种需要的满足。

需要层次理论告诉我们，薪酬在满足员工低层次需要的同时，有助于员工追求高层次需要，具有良好激励效果。基本工资必须设定在足够高的水平，为满足员工的基本生活需要提供经济支持。过高的风险工资会阻碍员工满足自己低层次需要，因此激励作用有限。同时，也应注意薪酬对于员工高层次需要满足的意义。

（二）双因素理论

双因素理论是赫茨伯格（Herzberg）于 1959 年在对企业调研的基础上首先提出的。双因素是指激励因素和保健因素，当这些因素恶化到可以接受水平以下时，就会产生“不满意”。激励因素与工作本身相关，保健因素与工作条件和工作关系相关。缺乏保健因素将阻碍员工表现组织期望的行为，但具备保健因素也不能保证员工会表现这种行为。激励因素才是激励员工的主要手段。赫兹伯格的双因素理论与马斯洛的需要层次理论有兼容之处，保健因素和激励因素都可以在马斯洛提出的五种需要中找到对应。

双因素理论对于薪酬激励同样具有指导意义。员工基本工资和福利属于保健因素，应当相对稳定，保障员工基本生活，原则上只升不降。否则会导致员工不满，影响其工作积极性。员工绩效工资属于激励因素，必须在考核的基础上保持其在总薪酬中占据一定比例，才能激发员工工作动力，提高工作绩效。

（三）期望理论

期望理论（Expectancy Theory）是行为科学家弗隆（Vroom）于1964年在其名著《工作与激励》中首先提出来的。其理论可以用公式表示为：激发力量＝期望×效价。其基本观点是：一个人把目标的价值看得越大，估计其能实现的概率越高，激励作用就越强。期望理论说明，激励效果取决于奖酬和潜在绩效之间的关系。绩效奖励的水平越高，激励效果越好。组织应当明确工作的任务与职责，并且将薪酬与绩效联系。与此同时，员工对自身能力的评价也很重要。组织应该有意识地提供相应的培训和资源，使员工相信自己可以达到绩效标准。

基于期望理论，企业向员工提供的奖励必须是对员工有吸引力的、可达到的。应该注意，不同员工的效价范围和权重取值不同，企业应尽可能采用大多数员工认为效价最大的奖励。适当调整期望概率与实际概率的差距以及达成目标的难易程度。拉开企业期望与非期望行为间的差异，也有助于增强激励效果。

（四）激励过程综合理论

波特（Porter L. W.）和劳勒（Lawler E. F.）于1968年在期望理论的基础上，导出一种更加完备的激励过程，被称为激励过程综合理论。该理论认为，工作绩效是一个多维变量，受以下5个因素的影响：①个人能力和素质；②外在的工作条件与环境；③个人对组织期望意图的感悟和理解；④对奖酬公平性的感知；⑤个人努力程度。个人工作努力程度的大小取决于对内在外在薪酬价值（特别是内在奖酬价值）的主观评价，以及对努力—绩效关系（即期望值）和绩效—奖酬关系（即工具值）的感知情况。

激励过程理论表明，激励是一个环环相扣的复杂管理过程。企业制定薪酬激励策略时要注意：绩效评价必须与期望的绩效目标紧密衔接，基于绩效的回报一定要紧随已产生的绩效。绩效目标要富有挑战性并且详细具体，奖励金额要与完成目标的难易程度相匹配。同时，企业要重视薪酬体系的公平性。员工对内在外在薪酬价值的主观评价和对产生分配结果的过程的主观评价对激励效果起着非常重要的影响。

1. 风险年薪制

企业经营得好的经营者，可以拿到全额年薪，包括基本年薪、风险年薪和奖励年薪；企业经营业绩差的经营者将视具体情况只能拿到部分年薪。通过实行年薪制，可以使经营者的灰色收入明朗化，同时可以激励经营者提高风险意识。

2. 持股期权激励机制

企业经营者和员工以人力资本的大小享受企业收益的分配权。具体做法：①收入股份化，在考核的基础上，企业经营者将自已的部分收益转化为企业股份，经营者依此股份享受企业的股本分红。②设置管理股，让经营者以企业股份的形式享受企业经营收益，经营者离开企业，该股份也就自行消失。③设置股份期权，让企业经营者享有在未来某一时期，按照确定价格购买一定份额股份的权力。除了以上激励方式外，还有员工的考勤奖励、销售激励、利润分享等方式。同时也要注重对员工的工作态度、行为方式等进行综合评估，考虑员工的“行为模式”在薪酬分配中所占的比重，避免单一依赖工作业绩来评定薪酬所带来的负面作用。因为那些尽心尽力向顾客提供优质服务的员工，一方面宣扬了企业文化或企业价值观，一方面对企业的经济效益有着潜在的推动作用。如果他们的付出得不到肯定，那么他们的积极性和工作热情将受到打击。

3. 原则

（1）公平原则。公平并不意味着大锅饭，一概而论。这种公平是建立在员工的岗位、级别、能力一致的基础之上的，是横向的公平。另一种是纵向的公平，这种公平是基于发展过程考虑，因为一个员工在企业的发展是具有过程性、延续性的，所以他的薪酬也是随着时间的积淀而持续增长。

（2）竞争性原则。此原则要求本企业的薪酬制度要能够与他企业具有一定的竞争性，这样在能有吸引人才、留住人才，进而使人才为企业的发展效力。

（3）激励性原则。有效的激励需要高薪与科学性相结合，而不是单单依靠较高的薪水去激励员工工作的积极性。科学的薪酬激励要建立在激发员工能力并与其工作业绩紧密相连的基础之上。

（4）经济性原则。此原则要求薪酬激励要在企业的承受能力、利润积累、成本控制的一定范围之内，而不是一味的提倡高薪。因此，当竞争性原则和激励性原则运用于薪酬激励制度上时，要受到经济原则的限制。

4. 方法

尽管薪酬不是激励员工的唯一手段，也不是最好的办法，但却是一个非常重要、最易被人运用的方法。薪酬总额相同，支付方式不同，会取得不同的效果。所以，如何实现薪酬效能最大化，是一门值得探讨的艺术。

要想使薪酬既具有最佳的激励效果，又有利于员工队伍稳定，就要在薪酬制度上增加激励功能，同时在实际操作中学会使用一些技巧。

5. 构成考虑

从对员工的激励角度上讲，可以将广义的薪酬分为两类：一类是保健性因素（或称维护性因素），如工资、固定津贴、社会强制性福利、公司内部统一的福利项目等；另一类是激励性因素，如奖金、物质奖励、股份、培训等。如果保健性因素达不到员工期望，会使员工感到不安全，出现士气下降、人员流失，甚至招聘不到人员等现象。另一方面，尽管高额工资和多种福利项目能够吸引员工加入并留住员工，但这些常常被员工视为应得的待遇，难以起到激励作用。真正能调动员工工作热情的是激励性因素。

如果以薪酬的刚性（即不可变性）为横坐标，以薪酬的差异性（即薪酬在不同员工之间的差异程度）为纵坐标，可以将薪酬的构成分为四类（四个象限）：从激励的角度来看，第二象限的激励作用最强，第四象限的激励作用最弱甚至为零（最僵硬）。

如果一个组织中员工的工作热情不高、比较懒散，想加大激励力度，可以采用高弹性的薪酬模式，即加大第二象限（浮动工资/奖金/佣金）的构成比例，缩小刚性成分。相反，如果是一个因品牌弱小导致招聘困难的新兴公司，可以采用高稳定的薪酬模式，增加薪酬中的固定成分，让员工有安全感。

6. 福利项目

完善的福利系统对吸引和留住员工非常重要，它也是公司人力资源系统是否健全的一个重要标志。福利项目设计得好，不仅能给员工带来方便，解除后顾之忧，增加对公司的忠诚，而且可以节省在个人所得税上的支出，同时提高了公司的社会声望。

员工个人的福利项目可以按照政府的规定分成两类。一类是强制性福利，企业必须按政府规定的标准执行，比如养老保险、失业保险、医疗保险、工伤保险、住房公积金等。另一类是企业自行设计的福利项目，常见的如人身意外保险、医疗保险、家庭财产保险、旅游、服装、误餐补助或免费工作餐、健康检查、俱乐部会费、提供住房或购房支持计划、提供公车或报销一定的交通费、特殊津贴、带薪假期等。员工有时会把这些福利折算成收入，用以比较企业是否具有物质吸引力。

对企业而言，福利是一笔庞大的开支（在外企中能占到工资总额的30%以上），但对员工而言，其激励性不大，有的员工甚至还不领情。最好的办法是采用菜单式福利，即根据员工的特点和具体需求，列出一些福利项目，并规定一定的福利总值，让员工自由选择，各取所需。这种方式区别于传统的整齐划一的福利计划，具有很强的灵活性，很受员工的欢迎。

7. 设计技巧

对不同的人员要用不同的激励措施。众所周知的马斯洛（Maslow）需求5层次理论说明，人的需求是分层次的，只有满足了低层次的需求之后，才能考虑高层次的需求。工资作为满足低层次需求的保障条件，对绝大多数人来说，仍是个硬道理。工资低的公司，即使企业文化搞得再好，也难留人。对高层次人才，工资较高但如果缺少培训和发展机会，仍然缺乏吸引力。

将现金性薪酬和非现金性薪酬结合起来运用，有时能取得意想不到的效果。前者包括工资、津贴、奖金、“红包”等，后者则包括企业为员工提供的所有保险福利项目、实物、公司举行的旅游、文体娱乐等。有些公司专门为员工的家属提供特别的福利，比如在节日之际邀请家属参加联欢活动、赠送公司特制的礼品、让员工和家属一起旅游、给孩子们提供礼物等等，让员工感到特别有“面子”。主管赠送的两张音乐会票、一盒化妆品，常会让员工激动万分。

适当缩短常规奖励的时间间隔、保持激励的及时性，有助于取得最佳激励效果。频繁的、小规模的奖励会比大规模的奖励更为有效。减少常规定期的奖励，增加不定期的奖励，让员工有更多意外的惊喜，也能增强激励效果。

8. 计酬方式

计酬方式通常包括按时计酬、按件计酬、按绩计酬等。最缺乏激励效果的是按时计酬，其激励作用只是体现在每年调薪前后的一段时间，很难持久。但它也有明显的优点：收入稳定，给员工以安全感，便于留人和招聘；实施方便；劳动力成本易于预测；不会因为强调产出数量而忽视质量等。计件薪酬对员工的激励作用十分明显，但它仅适用于产出数量容易计量、质量标准明晰的工作，对知识白领的工作很难计件。在信息技术行业，最通常采用的是按时计酬与按绩效计酬相结合。它需要事先设定具体的工作目标（指标），考核期结束时或项目完成后根据实际工作业绩评估结果计算浮动工资或提取佣金。业绩工资由团队业绩和个人业绩两部分所决定。对高级职位，企业利润常作为重要业绩指标而与薪酬挂钩。由于薪酬与可量化的业绩挂钩，更具激励性和公平性。这种方法需要有合理的目标设定方法和良好的绩效考评系统做支持。

对于高科技公司里的研发人员，根据项目管理法则，可以按研发项目中的若干关键阶段设置多个“里程碑”，对按计划完成者实行奖励，而不是按工作时间行赏。另外，将研发人员的部分薪酬与产品的销售状况挂钩、增加加薪机会，使薪酬支付更加灵敏地体现员工的业绩。

9. 团队奖励

尽管从激励效果来看，奖励团队比奖励个人的效果要弱，但为了促进团队成员之间相互合作，同时防止上下级之间由于工资差距过大导致出现低层人员心态不平衡的现象，所以有必要建立团队奖励计划。有些成功企业，用在奖励团队方面的资金往往占到员工收入的很大比重。对优秀团队的考核标准和奖励标准，要事先定义清楚并保证团队成员都能理解。具体的奖励分配形式归纳为三类。一类是以节约成本为基础的奖励，比如斯坎伦计划，将员工节约的成本乘以一定的百分比，奖励给员工所在团队。另一类是以分享利润为基础的奖励，它也可以看成是一种分红的方式。第三类是在工资总额中拿出一部分设定为奖励基金，根据团队目标的完成情况、企业文化的倡导方向设定考核和评选标准进行奖励。

10. 股票奖励

在高科技行业，股票期权是个非常诱人的字眼。很多员工特别是高层员工认为工资的高低倒不是主要的吸引力，最重要的是有没有实行“员工持股”制度。不仅那些在海外上市的公司纷纷实行了股票期权，即使非上市公司，也在探索不同形式的员工持股办法。对非上市公司而言，由于国内现行法律对此缺少明晰的规定，在权益兑现方面缺少成功案例可供借鉴，而且往往因为担心会对未来的创业板上市造成法律障碍而左顾右盼，很多公司是雷声大雨点小。但随着国内创业板上市规则的日益明晰，这种分配办法将越来越多地运用在实践中。

11. 调整技巧

有的公司在员工薪酬、福利待遇上花费不少，但员工却无动于衷。作为主管，建议将你在福利方面的开支做个支出明细说明，让员工明白公司为他们所做的付出。要告诉员工你的分配哲学。如果你确信公司的薪酬具有竞争力，为了让员工信服，不妨将你在薪酬方面的调查结果公开，甚至让员工参与薪酬方案的设计与推动。即使因为公司遇到暂时困难而不得不减薪，只要你坦诚相见，公平对待，同时再把薪酬以外的优势尽可能展现出来，相信员工也会理解并能同舟共济。

在调薪时，员工与主管之间存在一种微妙的博弈关系。员工理所当然希望工资尽可能地高，作为老板则希望尽可能减少人力成本。如何在博弈中既能控制住薪酬，又能使员工获得激励？一种办法是先降低员工对其薪酬目标的期望值，比如对员工预期的调薪幅度和调薪范围做低调处理。当员工发现其事实上的调薪幅度超过其预想时，他会产生一种满足感。

12. 厚待核心员工

在薪酬有限的情况下，企业为了发展，不得不有重点地留住重点员工和业务骨干。某著名美国公司在遇到业绩下滑后，在年度工资调整上采取这样的策略：对高层员工采用高于市场平均值的增长率，对中层员工和业务骨干采用平均市场增长率，对一般员工则保持工资不变。他们的思路是：80%的业绩是由20%的精英来完成的，少数骨干决定了公司的发展。对于一些新兴的高科技公司，或者实力不是很强的公司，这种方法尤其有效。

“先增加利润还是先提高工资?”这个问题很像是“先有蛋还是先有鸡?”我建议老板选择“先提高工资”，如果其资金能够支持一个利润周期的话。配合科学的绩效管理，公司将会进入“高工资、高效率、高效益”的良性循环，用一流的人才成就一流的事业，这样公司和员工都会有一个加速度的发展。

13. 设计的作用

科学有效的激励机制能够让员工发挥出最佳的潜能，为企业创造更大的价值。激励的方法很多，但是薪酬可以说是一种最重要的、最易运用的方法，它是企业对员工的回报和答谢，以奖励员工对企业所付出的努力、时间、学识、技能、经验和创造，是企业对员工所做贡献的承认。

14. 有效激励

有效的薪酬激励只是相对于传统的利用工资、金钱等外在的物质因素来促使员工完成企业工作目标而言的，它更多地从尊重员工的“能力”“愿望”“个人决策”和“自主选择”角度出发，从而能更好地创造员工个人与企业利益的“一体化”氛围。

有效的薪酬激励是由以下几个要素构成的。

(1) 基于岗位的技能工资制。基于岗位的技能工资制是岗位工资体系上的创新，形成一种强调个人知识水平和技能，推动员工通过个人素质的提高实现工资增长的一种工资体系。不同于岗位工资体系，单纯根据岗位本身的特征，来决定岗位承担者的工资额，而是将岗位承担者胆怯所担任的工作内容和完成工作时能力发挥的程度，作为工资多少的关键因素。在这种工资体系下，公司对知识水平高、能力强的员工的吸引力大大加强，同时也减少了这类员工从公司流失的可能性；另一方面，也可以激励员工不断提高自身的能力，最终能为企业作出更大贡献。

(2) 灵活的奖金制度。奖金作为薪酬的一部分，相对于工资，主要目的是能在员工为公司作出额外贡献时，给予激励。但国内大部分企业奖金在相当程度上已经失去了奖励的意义，变成了固定的附加工资。美国通用电气在研究了奖金发放中的利弊后，建立起奖金制度时，为了体现奖金发放的灵活性，特别遵循了以下原则。

①割断奖金与权利之间的“脐带”。通用电气废除了奖金多寡与职位高低联系的旧作法，使奖金的发放与职位高低脱离，给人们更多的不需提高职位而增加报酬的机会，让奖金真正起到激励先进的作用，也防止高层领导放松工作、不劳而获的官僚作风。

②奖金可逆性。不把奖金固定化，否则员工会把奖金看作理所当然，“奖金”也就沦为一种“额外工资”了，起不到奖金作用，通用电气根据员工表现的变化随时调整奖金数额，让员工有成就感，更有危机感，从而鞭策员工做好本职工作，长期不懈。

(3) 自助式福利体系。在兼顾公平的前提下，员工所享有的福利和工作业绩密切相连。不同的部门有不同的业绩评估体系，员工定期的绩效评估结果决定福利的档次差距，其目的在于激励广大员工力争上游，从体制上杜绝福利平均的弊端。

以上 3 个要素是企业在构建自身的薪酬体系时需要重点考虑的，但是否选择实际上取决于企业的行业特点、经营战略和文化背景以及员工的素质和需求等。同时保持薪酬管理与其他管理活动的一致也是企业在考虑薪酬激励时必须注意到的。

(4) 菲尔德薪酬法。

①菲尔德法能解决的问题：自动自发的工作、管理人员不能离职、客户系统健康、不能做私活、业务员要有上进心、降低营销成本、团队协作。

②菲尔德法的提成比例。菲尔德法根据各行各业毛利润、成本分布等情况，提成比例视行业有所不同，参照比例如下所示：

a. 服务业提成≤销售额（或计薪业绩）21%（设定方式可为：2%为风险提留，5%为人员工资支付，13%为给销售人员提成，1%为总监提成）；

b. 代理业总提成≤销售额（或计薪业绩）7%；

c. 快消品总提成≤销售额（或计薪业绩）13%；

d. 工业品按产品毛利润比率测算；

③菲尔德法产生的效果：

a. 业务员会不断谋求晋升，因为只有晋升才能有更高的提成比例；

b. 员工争当干部，批量生产干部；

c. 销售经理会乐意接收新员工，因为新员工给其带来的利益提成高；

d. 销售经理会关注属下员工的心态，降低员工流失率，因为员工流失率会降低销售经理自身提成收益；

（5）计划项目。“业绩报酬管理”是企业开展的一项管理计划，或者说是一种薪酬激励项目，在实际实施中，有以下几种类型：

①个性激励型。基于个人对企业的贡献发放的类似红利、额外奖金等形式。

②班组激励型。基于小组对企业的特殊贡献发放奖金的其他奖励形式。

③收益分享型。基于企业整体效益而向员工提供的额外收入。

④特殊分享型。基于员工对企业的特殊贡献，例如，对企业经营提出的合理化建议等，而进行的嘉奖。

（6）薪酬调查。确定雇员现在对公司薪酬体系的心情。

①如果公司还没有实施工作环境调查，请立即开始实施，而且不要以为每年实施 1 次就够了。同时确保每年也要调查竞争对手的工资状况。

②问问雇员：“作为你的雇主，我们做的哪件事可以改善你的福利待遇呢？”

你通常不能大幅度地提高工资，但你可以考虑一下独特的非货币化福利，而这些非货币化福利是非常有意义的，是对雇员需求的认可。

③以你的公司提供给雇员的为基准，与类似的公司和全国最优秀的公司进行比较。

问问雇员，他们以前的雇主向他们提供什么待遇。另外，让你的人力资源部门查阅有关本行业的媒体报道，了解在其他公司行之有效的措施。问问离职的雇员是什么吸引他们选择新的工作。参与《财富》一年一度的“100 强公司”评选。表现得像“100 强公司”之一可能对你的效益有好处，而在过去 10 年中，这些 100 强公司作为标准普尔 500 指数的样板企业，在股票市场上的市值提升了 2～3 倍。

④通过在公司内部实施调查，了解你向雇员公布薪酬体系的内部形式会

取得什么样的效果。通过调查竞争对手的薪酬，你发现你比他们多付 10%，但你的雇员未必知道这一点。找到一个既让雇员了解到这个事实，又不会听起来像是在自吹自擂的方法。许多公司每年会发布一篇“完全薪酬报告”，其中以圆形分格统计图标的形式概括介绍直接支付的基本工资、奖励津贴、福利计划、退休计划、社会保险和其他像汽车补贴这样的福利。通过让这些福利变得看得见、摸得着，你的雇员就会认识到在他们的薪酬体系中，基本工资之外的部分高达 20%～25%。你可以提供各种被深深地隐藏在雇员手册中的独特的非货币化福利。与其公布这些非货币化福利，不如在公司的新闻简报中以照片和故事的形式关注一下享受过这种非货币化福利的雇员。

⑤搜寻不易保存的、但对你的雇员很重要的有价商品。这些有价商品可能是你公司生产的产品或供应商送给你的礼物，但它们常常也可能是高层管理团队所拥有的东西。你的首席财务官可能在山里有一间滑雪木屋，或者你的营销副总裁可能拥有本地大联盟或小联盟棒球队比赛的季票，为什么不作为免费的非货币化福利向你的雇员提供这些东西，特别是对那些超额完成目标的雇员呢？木屋或比赛场馆的座位在大部分时间里可能处于空闲状态。这也是一个让你的高管与一线雇员相互沟通的绝妙办法。

⑥让高管们组成一个团队（其中包括级别最高的人力资源主管），并就公司在金字塔的金钱需求层次上应实施何种独具特色的战略展开深入的讨论。

聊聊某些离职的明星雇员，并了解他们的离职是否与这个金字塔的金钱需求层次有关。在提供基本工资、奖励工资和独特的非货币化福利等一系列具有标志性的薪酬上，集思广益，使公司成为最佳操作法的领导者。思考一下你面向雇员实施的励措施，是否与你的关键性战略目标完全吻合。

(7) 设计目的。合理的薪酬激励制度应达到 3 个目的：第一是提供具有市场竞争力的薪酬，以吸引有才能的人；第二是确定组织内部的公平，合理确定企业内部各岗位的相对价值；第三是薪酬必须与工作绩效挂钩，激励员工的工作动机。

(8) 建立体系。企业采用何种薪酬体系和怎样的薪酬结构必然存在差异，别让不合理的的薪酬激励成为老板的“噩梦”。业内就曾有运用有问题的薪酬激励体系，结果让老板多支出 7000 万美元的案例，最后这位倒霉的人力主管的下场可想而知。

只有根据公司特点建立合理的薪酬结构，才能较好的发挥薪酬的激励作用。薪酬结构设计的目标是要让员工所获得薪酬额与其贡献成正比，使员工的精力集中到努力工作、提高工作业绩上来，这样才能较好发挥薪酬的激励作用。

(9) 设计步骤。有效的薪酬激励更多地从尊重员工的“能力”“愿望”“个人决策”和“自主选择”角度出发，从而能更好地创造员工个人与企业利益的“一体化”氛围。但由于薪酬会直接影响到员工的工作情绪，使用不好会造成负面影响，所以每一个公司对薪酬构建都应非常慎重。这也是企业制定激励机制的共识。

大多数企业的薪酬是以岗位为基础的薪酬体制，这种薪酬体系是对每个岗位所要求的知识、技能以及职责等因素的价值进行评估，根据评估结果将所有岗位归入不同的薪酬等级，每个薪酬等级包含若干综合价值相近的一组岗位。然后根据市场上同类岗位的薪酬水平确定每个薪酬等级的工资率，并在此基础上设定每个薪酬等级的薪酬范围。

薪酬体系设计的具体步骤为：薪酬调查；岗位职责、工作任务及工作量调查；岗位价值评估；确定薪酬等级及岗位层级关系；拟定薪酬管理制度；讨论批准、颁布施行。

(10) 设计策略。

①薪酬战略明确化。根据我们的研究，发现世界领先企业的薪酬体系有一个共性，即都有明确的薪酬战略，并且薪酬战略与公司的经营战略、企业文化保持高度的一致，大多数的企业都制定了2～5年的薪酬战略目标。薪酬战略目标的明确化有利于企业为员工制订长期的激励计划，有利于增强员工对企业的认同，并能够给员工长期的职业安全感。

②薪酬政策透明化。薪酬是回报，更是激励。薪酬制度的活力在于员工能够看到自己的表现得到准确和公正的评价。让员工了解企业的薪酬政策，有利于提升企业对员工的吸引力。

很多企业在薪酬政策上采取保密行为，不让员工知道薪酬到底是依据什么制定的，员工无从了解企业在激励什么、鼓励什么、回报什么，薪酬政策对员工的激励作用就会大大减弱。我们认为，不仅不能对薪酬政策进行保密，相反更应该宣传，让薪酬政策透明化，从而让员工看到企业对自己的期望，并据此调整自己的行为。薪酬政策的透明化不仅可以正确地引导员工的行为，而且还可以减少诉讼和纠纷的发生，以利于劳动者和用人单位双方建立互信的机制。

③薪酬激励长期化。中国很多企业对员工缺乏长期激励计划。一些企业热衷于制订短期激励计划，但是短期激励计划虽然有助于提升企业的吸引力，但是不利于长期地稳定优秀员工，因为企业没有长期激励措施，员工不可能有长期的行为。世界一流的企业大都实施了员工持股和股票期权计划。所以，我们认为企业应该从长期激励的角度出发，对员工适度地开放股权。

中国一些优秀的企业有一个共性，就是公司的所有者或者公司的创业者把股权大量地开放给员工，甚至有的老板在公司的股权不到5%。这种长期激励方式实现了企业与员工的共赢，员工在分享公司的成功和利益的同时也承担了公司的经营风险。

④福利待遇货币化、社会化。从世界一流企业的福利政策来看，福利应逐渐走向社会化和货币化，从而使企业把主要的激励政策和组织绩效结合起来，提升企业的持续竞争优势。

四、注意问题

（一）薪酬激励与人工成本预算控制二者之间的矛盾

人工成本预算控制和薪酬激励永远是一对矛盾体，其矛盾在于如下。

（1）人工成本控制是自上而下的，是基于公司业绩、物价水平的总体控制；而薪酬激励是自下而上的，需要考虑各部门、各员工的收入与业绩的关系。

（2）人工成本控制需要考虑的是员工的平均收入水平，而薪酬激励则需要考虑每一位员工的收入，实际发放的薪酬总是围绕人工成本预算上下波动。

（3）人工成本控制是依据公司整体业绩，例如收入或利润，而薪酬激励则需要依据具体部门或员工的个体业绩进行调整。

（4）人工成本控制是基于较长时间段的预算，而薪酬激励则需要即时性发放。

总的来说，人工成本控制是刚性的，就像一位严格的教官，总是希望把所有可能控制在自己手中；而薪酬激励则是弹性的，像一位总是调皮出格的学生，习惯不断挑战已有的规则。

（事实上，人工成本包含的不仅仅是薪酬，但由于薪酬是人工成本中最重要的一部分，所以在这里我们暂不考虑二者的差异。）

（二）如何解决人工成本预算控制和薪酬激励的矛盾

1. 弹性化人工成本预算

既然薪酬变得越来越弹性化，外部经营环境也同样变化剧烈，再追求精确的人工成本预算控制就变得失去了意义，所以我们应当在制定人工成本预算时保持适当的弹性。这一弹性应当在两方面体现：一是人工成本预算时留有一定比例的弹性空间，而非一个点的确定值。二是设定依据一定情景变化的人工成本预算，例如设定当市场情况变化到一定程度时随之调整的人工成本预算。这样，在保持人工成本控制的总体原则不变的前提下，我们可以得到尽量贴合实际、具备激励性的人工成本。

2. 模块化人工成本

模块化人工成本预算有两方面的含义。

一是我们可以根据薪酬结构将人工成本分为不同的模块，例如固定工资与浮动工资，然后再根据不同的影响因素使人工成本预算尽量贴近实际。

二是根据不同业务模块的价值创造将人工成本进行切块后分别预算控制，而不是全部与收入或者利润挂钩，例如生产一线人员的工资是计入生产成本的，生产车间不是利润中心，而是成本中心，这一部分人员的人工成本预算控制就应当与成本，而非销售收入或利润挂钩。

3. 零基预算

目前，人工成本预算和控制的方法通常是在过去人工成本的基础上，根据预期收入或利润的增长、工资水平调整幅度、物价变动幅度、人均劳效变化等因素进行适当调整。但这种方法对快速增长型企业和外部环境变化剧烈的企业意义不大。因此，对此类企业而言，可以采用零基预算的方法来控制人工成本，即不考虑过去人工成本，而仅依据薪酬激励的原则从零开始设定人工成本。

第五节　创新意识是企业长存的基因

每当有企业实现超出预期的快速增长，或是以往颇为成功的企业莫名陷入不利境地时，人们喜欢用“基因说”来进行解释。比如一些人认为，腾讯做电商不够成功，是因为缺少电商基因。类似的观点有不少，什么传统银行不具有互联网基因，易信缺少社交基因等。

然而，关于企业的“基因说”内容常让人感到模棱两可或似是而非。原因主要在于，业界对“企业基因”至今缺少清晰的概念界定。如此基于“企业基因”对企业的分析和把脉，以及对企业发展所开的“药方”，就很难让人相信其作用和有效性。

既然目前企业“基因说”甚嚣尘上，那么，首先搞清楚有关企业基因的一些基本问题，即企业基因是什么、怎样构成、有哪些来源、主要功能等，才是企业“基因说”的立命之本。

一、企业基因的概念

“企业基因”的概念无疑来自于“生物基因”的类比。

在生物学中，基因通常是指包含了决定一个功能蛋白所需信息的核苷酸序列，是生物遗传和生命活动调节的基本单位。多数情况下，基因位于具有空间结构的 DNA 双链上。大多数生物的遗传基因由 DNA 中 4 种脱氧核苷酸的不同排列顺序表达出来。

对生物基因的研究，可以使人们在更深层面上把握生命活动的规律，不必从某个中间过程或宏观属性来猜测生命的机制，从而大大增强了生命科学理论的解释和预测能力。

企业基因较为抽象，不能放在实验室中进行研究。尽管如此，企业基因能被称为“基因”，也须具备相应的功能与属性。否则，企业基因就是没有根据的套用。

下面总结了生物基因的 4 个基本属性，有助于用类比的方法辨识企业基因。

能决定个体性状。基因是生物体特征与生命功能的主要决定因素。以人类为例，人类的血型、肤色、性别、是否色盲等特征均由基因决定。

类似地，企业基因也应能够大致决定一个企业的本质特征，包括企业在决策或管理活动中体现出的基本价值观念、行事风格、天赋所在等。如有的企业追求卓越，而有的企业长期以来只求舒服、得过且过。

是基本功能单位，但不是最小物质单位。基因是保持生物性状的最小功能单位，把一个基因再细分将不能独自完成基本的性状调节功能。

相应地，企业基因也是基本功能单位，把诸如组织结构、企业文化这样宏大的概念称作企业基因显然是错误的。但生物基因不是生物体内的最小物质单位，生物基因可以分解为核苷酸乃至更小的分子。

因而，也不能简单地把一个人、一台设备等不可分的物质单位看作是企业基因。只有当某个人对企业发挥出一种非常关键的功能性作用时（如企业创始人、长期任职的 CEO），这个关键人才有可能是构成企业基因的一个载体。

独立发挥作用。生物基因发挥作用一般不依赖外界环境或生物体的自身储备。例如，人体内的基因正常发挥作用不会受到他目前身高体重或脂肪储备量的影响。

同样，企业基因的功能也不会随着企业资源储备等状态的改变而改变。例如，真正重视人才的企业不论内外部人才储备丰富或匮乏，人们始终能在这个企业感受到对人才的渴望和重视。

具有一定的稳定性。尽管基因可以重组和突变，但企业基因在多数情况下应是稳定的，不容易更改。

仍以对待人才的态度为例，真正重视人才的企业不会在几个月或半年之后突然变得漠视人才。即使某些领导更换了，企业的这一特征也会持续。一般来说，可以在短时间内迅速被改变的特征不是企业基因。例如，有文章认为企业基因中包含促销策略，这种可以快速更换的策略不可能是企业基因。

企业基因也应具备与生物基因相类似的四种基本属性：能决定企业本质特征、是企业的基本功能单位、独立发挥作用、具有一定的稳定性。否则，不论多么重要的概念，都很难称之为“企业基因”。

根据以上分析，我们认为企业基因是：影响企业决策或行为的内在的、独立的、稳定的基本功能单位。企业基因源自于企业内部，不取决于外部环境，不依赖企业当前资源状况或盈利水平，不能在短时间内轻易更改。

另外，企业基因与生物基因有一个重要差别：企业基因能保持企业的本质特征，但一般不发生代际遗传。除了突变外，生物基因主要通过代际遗传来保存物种基因信息和适应环境变化。企业一般以永续经营为目标，其生存模式不是倒闭破产后产生新的企业，而是注重基因的自身重构与改良，以应对外界环境变化。

二、企业基因的三大构成因子

人类的基因种类数以万计，而其构成单位脱氧核苷酸仅四种。目前，找出企业的所有基因并逐一列举尚不现实，声称企业只有少数几种基因的说法显然是弄混了基因和核苷酸的概念。但我们可以依照研究生物学的方法，先找到基因的基本构成因子。我们认为企业基因至少包括以下三大构成因子：价值观念因子、性格气质因子及天赋因子。

1. 价值观念因子

价值观念因子即决定企业的价值观、生存意义、该去向何处等基本看法的因素。更具体地，这类因子关系到企业重视什么目标、不重视什么目标，以及企业存在的意义和目的等。例如，“追求卓越”的企业不会满足于延续生存，而总是不断自发提升产品功能与技术水平，争做行业巨头。这种追求本身不依赖于外部力量，有这种追求的企业不会因一时的资源不足就甘心成为泛泛之辈。

例如，海尔发展初期曾资不抵债、濒临倒闭，但张瑞敏并没有因此甘于把海尔做成一家平庸的企业，而是非常重视社会责任的履行，明显超出了同类企业的水平。例如，中国远洋虽面对着企业盈利的巨大起伏，但社会责任的履行一直处于领先水平。

2. 性格气质因子

性格气质因子即关系到企业思考问题的逻辑、行事风格等的因素。两个同样追求卓越的企业，可能因其内在气质差异而选择完全不同的成长路径。

有的企业选择战略时习惯性地冒进，面对市场竞争时也无所不用其极，不给对手或合作者留后路，风光后即面临重大考验。国美就曾经是这方面的一个例子。有的企业则一贯稳妥，稳扎稳打，不采取没有把握的战略，避免风险的同时也常失掉扩张机会。当当网前些年谨慎的发展历程或许可作为此类风格的一个注脚。性格气质因子或许不构成直接影响企业绩效的基因，但与绩效具有深层次的联系。企业的工作氛围可能是这类因子的一个外在反映。在一些互联网或信息技术企业中，员工可以穿T恤、拖鞋、短裤上班，这可能反映了某些企业的基因中具有开放心态和科技创新氛围。

3. 天赋因子

天赋因子即决定企业先天天赋水平的因素。企业像人类一样存在先天的潜力差异。智力平庸的人难以获得自然科学基础研究方面的前沿成就，先天体能不足的人不适合从事竞技体育。

企业的天赋不是指企业的资源或能力现状，而是企业向不同方向发展的潜力以及所能达到的水平高度。一个在发展历史上一贯轻视研究开发、员工整体学历较低的企业，不经历长期的改造不可能在科技行业获得成功。例如一些制药企业虽开始重视创新研发，但科技人员数量和水平还远远不足。如果不能大幅引进或更新人才，并随之改善激励机制，从根本上改善企业天赋因子，企业的研发项目将永远事倍功半。

各种因子按照内在的联结方式，构成了各具功能的企业基因，进而决定了企业的独特属性。

例如，当"追求温饱"的观念因子、"谨慎稳妥"的性格因子、"平庸"的能力天赋因子加在一起时，就会产生一个"行动迟缓"的企业基因。而自下而上的创新基因则由"开放""执着于目标"的企业观念因子，"鼓励尝试""分权"的性格因子，以及较高专业知识技能的天赋因子构成，互联网企业常常需要这种基因。一些企业基因的构成方式可能更复杂，在此不多赘述。

三、企业基因来源

根据我们的研究和分析，企业基因及构成因子主要来源于以下三个方面。

创始人、长期任职的CEO或董事长等的个人特征及观念、经验、价值观等。创始人、CEO或高管团队对企业的影响非常关键。国内外多项研究都已发现，他们的个体自然特征，如年龄、性别、教育背景、工作经验等，以及内在的性格气质、价值观等，都对企业行为及绩效具有重要影响甚至决定性作用。

这种现象在初创期的企业表现最为明显，创业者的价值观、性格和特长领域，会影响企业的发展步调以及创业最终的成败。即使是经历较长发展历程的企业，关键人物的影响也不可忽视。例如，国美电器发展中的起伏显然与黄光裕的个人性格有关。黄光裕的“帝王情节”和“霸道作风”，使国美倾向于采用激进和强硬的对内对外政策，在顺风顺水时可能会高速发展，一旦遇到挫折也很可能一蹶不振。而张近东的个性则兼具儒雅与强硬，苏宁做事相对温和同时并不缺乏野心。

一般员工的整体特征。例如全体员工在年龄、性别、观念、教育背景、工作经验等方面的一致特征。如果企业人员一致具有某种特征，也将成为企业基因的重要来源。

例如，绝大多数是男员工的企业，很可能无法准确把握女性消费品的需求。员工普遍老龄化的企业，也难以理解80或90后的消费观念。工程师或技术员出身的员工占大多数的企业，容易重视技术细节而忽视市场需求。营销人员过多的企业，可能埋头于短期的促销和宣传，而忽视企业核心竞争力的培育。

这类企业基因来源于企业全体员工的自然属性与心理特征，一旦形成，短期内不易彻底改变。

企业未被割断的历史及其背后传承的思想精神。这类自组织诞生以来就存在的、未被特殊事件所中断的历史，很容易成为组织的印记。

如作为中国工商业先驱的招商局集团，其历史决定了它的基因中含有敢为人先和勇于探索的精神。

此外，除企业外的其他组织也可具有此类基因。例如，清华大学建校以来经历校址搬迁、院系调整等变故，但“行胜于言”“听话出活”等思想影响了一代代清华师生，并且会继续影响新来者。

我国企业应当重视自身发展的历史连续性和企业文化精华的积淀，不应为了一些暂时性的利益，而牺牲企业所坚持的价值观或企业精神的一贯性与连续性。

企业基因或许还存在一些其他来源。就如同在自然界中，一些嗜酸细菌由于具有特殊功能的基因，能够在其他生物都难以生存的酸性、重金属环境中生存。

在一些特殊环境下，企业基因可能也有独特的来源。例如一些落后地区的小企业，其产品或服务质量低劣，管理混乱，仅凭借与当地官员的某种特殊关系维持生存，这就是该企业的基因来源。

四、如何改造企业基因

正如基因药物、转基因食品是人为改造生物基因的产品一样，在清楚认识了企业基因的概念、构成与来源后，改造企业基因也就有了头绪。企业需要发挥能动性，有意识地改造自身的基因。企业可以从以下几个模式来改造自身的企业基因。

1. 自发培育好的企业基因

企业基因的培育，是指企业通过长期的理念倡导、全体员工价值观塑造、固有专长的培育、形成有特色企业历史等手段，形成新的企业基因。

自发培育的新基因可以增强企业的竞争力。一旦形成了独特而具有优势的企业基因，企业就能在战略实施、内部管理、市场竞争等一系列活动中事半功倍。企业抓住了有前景的市场机遇、决心在有关领域长期发展时，尤其适合采用这种基因培育模式。

2. 破坏阻碍企业发展的不利基因

有些生物基因本身就是不好的，例如一些“致癌基因”。企业也难免会受到一些不利于自身发展的基因的侵袭，如高管团队的短浅目光、员工的不思进取、企业忽视长期努力而总想走捷径的价值观等。想把这些不利的企业基因改造为优势基因很困难，但可以削弱它们的影响力乃至于破坏不良基因。

对待与组织中的人有关的不利基因时，可逐渐调整代表不同基因的人员比例而使各种观念互相制衡。这样至少可以避免出现最坏的决策。企业还可借用重要事件割断企业历史的连续性，或推进业务模式的多元化以减弱对特定资源的依赖，使长期存在的不利基因逐渐弱化。

3．借鉴模仿外源基因

是指模仿一些成功企业的优秀基因，以获得原来不具备的基因或改进自身基因效能。

企业基因的模仿和改良涉及层次较深，仅仅引进一名新的销售部门经理、采用一套办公系统、找咨询公司做战略分析等简单孤立的做法难以触及企业基因。

企业先要鉴别自身与成功企业的差距主要在于何种基因因子。然后，决策者须高瞻远瞩、有针对性地推进，可能要对企业员工进行培训提升乃至更换，对有关管理制度进行调整。

改良基因可采取适度步伐，可先引入某个最容易接纳新基因的子公司或事业部使其独立运行，观察其效果好坏再考虑推广。

借鉴模仿外源基因不同于学习行业经验或产品经验。例如，有的企业在建立子公司时参考优秀样板，聘请满足一系列条件的管理者，并注重招聘年龄、性格、学历与专业背景符合企业要求的员工，使企业基因在观念、气质与技能方面都具有良好起点，以后再学习行业或产品经验并非难事。

最后，要注意的是企业需确认有没有必要改造基因。如果涉及的企业问题还未深入到企业基因的层面，或没超出当前基因可自行调节的范围，企业就没必要改造企业基因。企业基因的改良是长期的过程，对于优良的企业基因，不可因其暂时不适应环境要求就把它舍弃。

企业基因不仅仅是一种文字上的比喻，更应该是一种科学的管理概念。因此，理解企业基因概念不仅需要分清层次和重点，也要了解基因的构成及来源，并区分企业基因和非企业基因因素。

企业基因能从独特视角捕捉到企业的本质特征，对理解企业决策与行为决定因素具有重要启示。

第七章　系统管理工具

第一节　两个规则与企业宪法

在系统管理法中首先提及的有两个规则，第一个是对内规则；第二个是对外规则。何为规则？规则就是营销建立的制度，对内规则就是建立团队的管理制度，企业每一个发展阶段对应的政策有着很大的差别，系统管理方法中屡次提到红线管理，也就是在营销业务当中要设定管理的底线，给足空间设定底线，是系统管理方法的基本思路，在实践过程中首先破坏规则的往往是团队的领导，按照员工心理比对法可以得出“员工不会听领导说什么，主要看领导做什么”，那么任何一次规则的破坏都是对营销体系制度本身权威性的一个极大挑战。对外规则就是对合作商建立的制度，有激励但也要有约束，如果是一个产品处在开发期，那么建立的对外规则中约束力要相对较小，激励措施就稍微侧重，如果是市场成熟产品，这种比例要正好相反。规则的建立要将它变成任何人不准逾越的“企业宪法”，只有在建立规则后才能提供一个平等的内部竞争环境，才能保障营销运营中弱于执行的局面。

首先，一个国家医疗卫生事业发展的水平直接涉及该国公民生存权落实的程度，而公民的生存权则属于公民应当享有的最低限度的宪法权利，是人权的逻辑起点。当一个公民因病致穷或因病致死，便失去了生存权，也就休谈其他权利了。为了保障人的生存权和发展权，宪法规定了公民获得包括医疗保障在内各项社会保障的权利。因而，医疗卫生法律关系必然包含宪法法律关系。实际上，保障生存权是生命伦理最基本的要求，而法律是伦理的制度化和规范化，法律关系是伦理关系在法律上的表现，人类凭借理性的力量构建起宪政制度，正是以根本大法的形式来保障包括人的生命健康权在内的基本权利得以实现。正如英国著名的伦理学家边沁在《道德与立法原理导论》里所言：人类凭借理性和法律的力量建立福利体系和善的制度，目的是最大限度地促进“最大多数人的最大幸福”的实现，良好政府的目标就在于保证并促进全体国民的快乐，而这里的快乐包括生存、平等、富裕和安全四项内容。另外，在医疗卫生活动中，如果触犯了刑律，还要追究刑事责任（如刑法规定的非法行医罪，生产、销售假药、劣药罪，医疗事故罪等），因而，医疗卫生法律关系也包含刑事法律关系。

综上，笔者认为医疗卫生法律关系是指基于保障和维护人体健康而结成的多层面的、纵横交错、内外交叉的法律关系，涉及宪法法律关系、行政法律关系、民事法律关系、刑事法律关系等多种法律关系。其中医疗卫生宪法法律关系是根本，医疗卫生行政法律关系与医疗卫生民事法律关系是主体，医疗卫生刑事法律关系是补充。本文主要就医疗卫生民事法律关系与医疗卫生行政法律关系作以下分析。

一、医疗卫生民事法律关系

医疗卫生民事法律关系主要是指卫生服务关系，即卫生行政机关、医疗卫生机构及组织、有关企事业单位、社会团体和自然人向社会公众提供的医药预防保健服务、卫生咨询服务、卫生设施服务等活动，这种关系表现为提供服务和接受服务的平等主体之间的民事权利与义务关系，强调各方的平等、意思自治、等价有偿。需要注意的是，医疗卫生民事法律关系，尤其是医疗机构、医务人员与患者之间的法律关系，并非完全平等的民事法律关系，并且往往处于行政法的监督之下。

医疗卫生民事法律关系并非完全平等的民事法律关系。

在医疗卫生民事法律关系中，双方主体都不能完全体现其意思自治，因而，这种关系是不完全平等的关系。

由此可以理解为什么我们接触到的卫生法律规范大多数是卫生行政法律规范（如《执业医师法》《母婴保健法》《医疗机构管理条例》《医疗事故处理条例》《母婴保健法实施办法》等），为什么医疗事故要由卫生行政部门处理，即便医疗事故争议由双方当事人自行协商解决的，医疗机构也应当自协商解决之日起 7 日内向所在地卫生行政部门作出书面报告，并附具协议书（见《医疗事故处理条例》第四十三条等）；并且，医疗事故之民事赔偿并不能免除卫生行政部门追究医疗机构及相关医务人员的行政责任。

正是基于此，总体上看来，调整医疗卫生法律关系的法律规范（卫生法）属于行政法的一个子部门法。下面就卫生行政法律关系作详细分析。

二、医疗卫生行政法律关系

医疗卫生行政法律关系是指卫生行政主体行使行政职能和接受行政法制监督而与卫生行政相对人、行政法制监督主体之间发生的各种关系，以及行政主体内部发生的各种关系。医疗卫生行政法律关系主要包括 3 类：第一类是医疗卫生行政管理关系（基干）；第二类是医疗卫生行政法制监督关系（派生）；第三类是医疗卫生行政救济关系（派生）。

1. 医疗卫生行政管理关系（纵向关系）

医疗卫生行政管理关系是指卫生行政主体（主要是卫生行政机关）在行使卫生行政职权过程中与行政相对人（包括从事卫生工作的组织和人员）发生的各种关系，是医疗卫生行政关系的基干。卫生行政主体实施的大量行政行为，如行政许可（如授予执业医师资格）、行政处罚（对医疗卫生机构及其工作人员的违法、违规行为的处罚，如对医疗事故的处罚）、行政强制（如对传染病人的强制隔离治疗等），等等，几乎都是以行政相对人为对象实施的。

医疗卫生行政管理关系，主要包括：第一，医疗卫生机构及组织管理关系，包括医疗卫生机构及组织的标准、准入、许可；药品、食品、血液制品、化妆品、保健品、医疗器械器材、生物材料等与健康相关产品的生产、销售及其标准和准入、许可的管理监督等；第二，医疗卫生技术人员管理关系，主要是指对执业医师、护士、药师及药剂师、卫生监督人员及其他卫生技术人员的资格准入、资源配置和管理、合法权益的保护。医疗卫生行政管理关系有两个重要特点：第一，关系的双方只能是行政主体与行政相对人；第二，卫生行政主体在关系中占主导地位。

2. 医疗卫生行政法制监督关系

行政法制监督关系是指行政法制监督主体（包括国家权力机关、司法机关、行政监察机关等）根据宪法和法律授权、依法定方式和程序对行政职权行使者及其所实施的行政行为进行监督时所发生的各种关系。医疗卫生行政法制监督关系因监督主体不同，其关系内容也存在较大的差别。国家权力机关作为卫生行政法制监督主体时，主要与行政主体发生关系，并且主要是对卫生行政机关的抽象行政行为进行监督（全国人大常委会对国务院颁布的《医疗事故处理条例》的备案审查）。另外，权力机关还可以通过罢免方式对担任领导职务的公务员进行监督。法院主要是通过行政诉讼的方式对行政主体的具体行政行为进行监督。行政监察机关作为行政法制监督主体时，主要是和公务员发生关系，它主要通过追究纪律责任（行政处分）的方式，对公务员遵纪守法的行为进行监督。医疗卫生行政法制监督关系具有以下这些特点：第一，双方主体具有多元性；第二，关系的内容因具体参与主体不同而具有较大的差别性；第三，行政法制监督主体在关系中占主导地位。

3. 医疗卫生行政救济关系

行政救济关系是指行政相对人认为其权益受到行政主体作出的行政行为的侵犯，向行政救济主体申请救济，行政救济主体对其申请予以审查，作出向相对人提供或不予提供救济的决定而发生的各种关系。这里的行政救济主体包括受理申诉、控告、检举的信访机关；受理行政复议的行政复议机关；以及受理行政诉讼的法院，其中前两类属于行政救济，是内部救济；后一类是司法救济，是外部救济。

行政救济关系同样是一种非常重要的行政关系，这种关系与行政法制监督关系有时是重合的。例如，行政诉讼关系，从法院对行政主体行为的审查、监督角度看，是一种行政法制监督关系；从行政相对人受到行政主体行为侵犯后向法院请求救济的角度看，是一种行政救济关系。

行政救济关系的特点是：第一，存在三方主体，即行政相对人、行政主体、行政救济机关；第二，行政救济主体在关系中占主导地位；第三，部分行政救济关系与行政法制监督关系重合。

第二节　三个体系打造营销基本脉络

一、市场战略体系

市场营销战略是企业市场营销部门根据战略规划，在综合考虑外部市场机会及内部资源状况等因素的基础上，确定目标市场，选择相应的市场营销策略组合，并予以有效实施和控制的过程。

市场营销总战略包括：产品策略、价格策略、营销渠道策略、促销策略等。市场营销战略计划的制定是一个相互作用的过程；是一个创造和反复的过程。

（一）现代企业营销战略的内容

现代企业营销战略一般包括战略思想、战略目标、战略行动、战略重点、战略阶段等。营销战略思想是指导企业制定与实施战略的观念和思维方式，是指导企业进行战略决策的行动准则。它应符合社会主义制度与市场经济对企业经营思想的要求，树立系统优化观念、资源的有限性观念、改革观念和着眼于未来观念。企业战略目标是企业营销战略和经营策略的基础，是关系企业发展方向的问题。战略行动则以战略目标为准则，选择适当的战略重点、战略阶段和战略模式。而战略重点是指事关战略目标能否实现的重大而又薄弱的项目和部门，是决定战略目标实现的关键因素。由于战略具有长期的相对稳定性，战略目标的实现需要经过若干个阶段，而每一个阶段又有其特定的战略任务，通过完成各个阶段的战略任务才能最终实现其总目标。

（二）市场营销战略的迫切性和必要性

市场营销战略作为一种重要战略，其主旨是提高企业营销资源的利用效率，使企业资源的利用效率最大化。由于营销在企业经营中的突出战略地位，使其连同产品战略组合在一起，被称为企业的基本经营战略，对于保证企业总体战略的实施起着关键作用，尤其是对处于竞争激烈的企业，制定营销战略显得非常迫切和必要。市场营销战略，包括两个主要内容；一是选定目标市场；二是制定市场营销组合策略，以满足目标市场的需要。根据购买对象的不同，将顾客划分为若干种类，以某一类或几类顾客为目标，集中力量满足其需要，这种作法，叫作确定目标市场，这是市场营销首先应当确定的战略决策。目标市场确定以后，就应当针对这一目标市场，制定出各项市场经营策略，以争取这些顾客。

市场营销战略的特征：市场营销的第一目的是争取顾客，获取和维持顾客；要从长远的观点来考虑如何有效地战胜竞争对手，使其立于不败之地；注重市场调研，收集并分析大量的信息，只有这样才能在环境和市场的变化有很大不确实性的情况下做出正确的决策；积极推行革新，其程度与效果成正比；在变化中进行决策，要求其决策者要有很强的能力，要有像企业家一样的洞察力、识别力和决断力。

企业营销管理过程是市场营销管理的内容和程序的体现，是指企业为达成自身的目标辨别、分析、选择和发掘市场营销机会，规划、执行和控制企业营销活动的全过程。

企业市场营销管理过程包含着下列四个相互紧密联系的步骤：分析市场机会，选择目标市场，确定市场营销策略，市场营销活动管理。

1. 分析市场机会

在竞争激烈的买方市场，有利可图的营销机会并不多。企业必须对市场结构、消费者、竞争者行为进行调查研究，识别、评价和选择市场机会。

企业应该善于通过发现消费者现实的和潜在的需求，寻找各种“环境机会”，即市场机会。而且应当通过对各种“环境机会”的评估，确定本企业最适当的“企业机会”的能力。

对企业市场机会的分析、评估，首先是通过有关营销部门对市场结构的分析、消费者行为的认识和对市场营销环境的研究。还需要对企业自身能力、市场竞争地位、企业优势与弱点等进行全面、客观的评价。还要检查市场机会与企业的宗旨、目标与任务的一致性。

2. 选择目标市场

对市场机会进行评估后，对企业要进入的哪个市场或者某个市场的哪个部分，要研究和选择企业目标市场。目标市场的选择是企业营销战略性的策略，是市场营销研究的重要内容。企业首先应该对进入的市场进行细分，分析每个细分市场的特点、需求趋势和竞争状况，并根据本公司优势，选择自己的目标市场。

3. 确定市场营销策略

企业营销管理过程中，制定企业营销策略是关键环节。企业营销策略的制定体现在市场营销组合的设计上。为了满足目标市场的需要，企业对自身可以控制的各种营销要素如质量、包装、价格、广告、销售渠道等进行优化组合。重点应该考虑产品策略、价格策略、渠道策略和促销策略，即“4Ps”营销组合。

随着市场营销学研究的不断深入，市场营销组合的内容也在发生着变化，从“4Ps”发展为“6Ps”。近年又有人提出了“4Cs”为主要内容的市场营销组合。

4. 市场营销活动管理

企业营销管理的最后一个程序是对市场营销活动的管理，营销管理离不开营销管理系统的支持。需要以下三个管理系统支持。

（1）市场营销计划。既要制定较长期战略规划，决定企业的发展方向和目标，又要有具体的市场营销计划，具体实施战略计划目标。

（2）市场营销组织。营销计划需要有一个强有力的营销组织来执行。根据计划目标，需要组建一个高效的营销组织结构，需要对组织人员实施筛选、培训、激励和评估等一系列管理活动。

（3）市场营销控制。在营销计划实施过程中，需要控制系统来保证市场营销目标的实施。营销控制主要有企业年度计划控制、企业盈利控制、营销战略控制等。

营销管理的3个系统是相互联系、相互制约的。市场营销计划是营销组织活动的指导，营销组织负责实施营销计划，计划实施需要控制，保证计划得以实现。

（三）制定市场营销战略的条件

经营理念、方针、企业战略、市场营销目标等是企业制定市场营销战略的前提条件，是必须适应或服从的。一般是既定的，市场营销战略的制定过程中首先要确定的就是市场营销目标。确定目标时必须考虑与整体战略的联系，使目标与企业的目的以及企业理念中所明确的、对市场和顾客的姿态相适应。

市场营销目标应包括：量的目标，如销售量、利润额、市场占有率等；质的目标，如提高企业形象、知名度、获得顾客等；其他目标，如市场开拓，新产品的开发、销售，现有产品的促销等。

（四）制定市场营销战略的内外环境

主要是对宏观环境、市场、行业本企业状况等进行分析，以期准确、动态地把握市场机会。

1. 宏观环境

即围绕企业和市场的环境，包括政治、法律、社会、文化、经济、技术等。了解分析这些环境对制定市场营销战略至关重要。其理由有三：一是市场营销的成果很大程度上要受到其环境的左右；二是这些属不可控制因素，难以掌握，企业必须有组织地进行调研、收集信息，并科学地对其进行分析；三是这些环境正加速变化。

环境的变化对企业既是威胁也是机遇，关键的是我们能否抓住这种机遇或者使威胁变为机遇。人口结构的变化，即独生子女化和老年化。我国企业在玩具生产上注意抓住了儿童市场，却忽略了老年人市场。但在美国和日本等国家已是企业的热门话题，在玩具生产中，老年人玩具占有很大的比重。

2. 市场

从市场特性和市场状况两个方面来对其进行分析。

首先看市场特性，它包括以下几个方面：一是互选性，即企业可选择进入的市场，市场（顾客）也可选择企业（产品）；二是流动性变化，即市场会随经济、社会、文化等的发展而发生变化，包括量和质的变化；三是竞争性，即市场是企业竞争的场所，众多企业在市场上展开着激烈的竞争；四是导向性，即市场是企业营销活动的出发点，也是归着点，担负着起点和终点的双重作用；五是非固定性，即市场可通过企业的作用去扩大、改变甚至创造。

其次，市场状况也可以考虑几个问题。

市场规模、市场人口、购买欲望三大要素。市场是同质还是异质。现在我国人们的需求呈现出两种倾向：一是丰富化和多样化；二是两极分化越来越明显、突出。绝大部分产品供大于求，形成买方市场。

3. 行业动向和竞争

把握住了行业动向和竞争就等于掌握了成功的要素，所以一要了解和把握企业所在行业的现状及发展动向；二要明确竞争者是谁，竞争者在不断增加和变化，它不再只是同行业者，而相关行业、新参与者、采购业者、代理商、顾客等都可能处于竞争关系，如铁道运输业的竞争对手包括汽车运输业和航空运输业等。

4. 本企业状况

利用过去实绩等资料来了解公司状况，并整理出其优势和劣势。

战略实际上是一种企业用以取胜的计划，所以，企业界在制定战略时必须充分发挥本公司的优势，尽量避开其劣势。

（五）市场营销战略的制定和实施

市场营销战略的制定和实施程序：市场细分—选定目标市场—市场营销组合—实施计划—组织实施—检测评估。

市场细分：市场不是单一、拥有同质需求的顾客，而是多样、异质的团体，所以市场细分能发现新的市场机会，也能更好地满足市场需求；既能更充分地发挥企业优势，又能为企业选定目标市场提供条件、奠定基础。

市场细分要按照一定的标准（人口、地理、心理、购买行为等因素）进行，细分后的市场还要按一定的原则（如可测定性、可接近性、可盈利性等）来检测是否有效。市场细分的好坏将决定市场营销战略的命运。

目标市场的选定：目标市场的选定和市场营销的组合是市场营销战略的两个相互联系的核心部分。

选定目标市场就是在上述细分的市场中决定企业要进入的市场，回答顾客是谁，产品向谁诉求的问题。即使是一个规模巨大的企业也难以满足所有的市场。但我国不少企业恨不得一口吞下所有的市场，结果适得其反。特别是保健品，有的功效多达十几种，几乎能包治百病，适合任何人群。另外，有的企业不知道自己的产品是什么，向消费者诉求什么，如新上市的一种酱油，据该公司介绍，它既是酱油，又代替味精，还是一种保健品，具有保健功能。这究竟是什么，会令人感到疑惑不解。总之，一是企业必须有明确的目标市场；二是对于一种产品必须有明确的诉求，有明确的消费群体；三是要抓住主要矛盾，突出重点，即不要向谁都诉求，也不要什么都诉求。

市场营销组合：目标市场一旦明确，就要考虑如何进入该市场，并满足市场需求的问题，那就是有机地组合产品、价格、渠道、促销等组合因素，但千万不是几种组合因素的简单相加，企业在进行营销组合时必须考虑以下几点。

要通过调查国内上优秀企业等来了解它们一般进行的营销组合。

突出与竞争公司有差异的独特之处，充分发挥本公司优势的有利性。

营销组合是企业可以控制的，企业可以通过控制各组合来控制整个营销组合。

营销组合是一个系统工程，由多层分系统构成。

营销组合因素必须相互协调，根据不同的产品，制定不同的价格，选择不同的渠道，采取不同的促销手段。

营销组合不是静态，而是动态的。产品生命周期分为四个阶段，当产品生命周期所处阶段发生变化时，其他组合因素也随之变化。就拿广告来说，导入期为通告广告；成长期为劝说广告；成熟期为提示广告。

在上述3种主要的组合因素中到底哪种最重要，这会因行业、业态不同而异，但一般来说，其中受到高度重视的是产品。企业提供的产品是否是市场所需产品，是否能满足消费者需求，解决消费者所要解决的问题，提供消费者希望获取的利益，这才是产品的关键所在。只有让消费者满意，消费者才会认可你的产品，接受你的产品。

一个企业的销售额下降，市场占有率下跌，其原因不是推销人员的努力不够，而有必要把销售可能的一些条件都考虑到产品中去。要解决销售问题，还是应该首先解决产品问题，做到产品计划先行。例如日本的朝日啤酒公司，其市场占有率连年下跌，在1985年跌到了9.6%，为扭转下跌不止的局面，1985年进行了大规模的消费者嗜好与口味调查，并根据调查结果研究开发了新产品。这种新产品投放市场的当年，销售额猛增，市场占有率止跌回升，到1989年就上升到了25%，排名行业第二。

实施计划：实施计划是为实施市场营销战略而制订的计划。战略制定好后要有组织、有计划、有步骤地实施。具体内容包括：组织及人员配置；运作方式；步骤及日程；费用预算等等。

根据知识经济时代的基本特征，市场营销的基本战略可归结为如下几条：

1. 创新战略

创新是知识经济时代的灵魂。知识经济时代为企业创新提供了极好的外部环境。创新作为企业营销的基本战略，主要包括以下几个方面。

(1) 观念创新。知识经济对人们旧的传统观念是一种挑战，也对现代营销观念进行着挑战。为了适应新的经济时代，使创新战略卓有成效，必须树立新观念，即以观念创新为先导，带动其他各项创新齐头并进。

首先要正确认识和理解知识的价值。知识不仅是企业不可缺少的资源，也是企业发展的真正动力源。同时，在市场经济条件下，知识本身又是商品，也具有价值。其次，要有强烈的创新意识，自觉地提高创新能力。不创新，只能是山穷水尽，走绝路；创新是提高企业市场营销竞争力最根本最有效的手段。营销创新不是企业个别人的行为，而是涉及企业全体员工的有组织的整体活动。

(2) 组织创新。组织创新包括企业的组织形式、管理体制、机构设置、规章制度等广泛的内容，它是营销创新战略的保证。这方面要做的工作还十分艰巨，例如，组织形式上，许多企业还没有完成现代公司制的改造，旧的组织形式在某种程度上成为企业创新的牵绊。机构设置的不合理，分工过细，都不利于创新。

(3) 技术创新。随着科技进步的加快，新技术不断涌现，技术的寿命期趋于缩短，技术创新是企业营销创新的核心。一般地说，大中型企业都要有自己的研究开发机构。要不断开发新技术，满足顾客的新需求，传统产品也要增加其技术含量。

(4) 产品创新。技术创新最后要落实到产品创新上，所以产品创新是关键。由于技术创新频率加快，所以新产品的市场寿命期也越来越短。

(5) 市场创新。市场是复杂多变的。消费者未满足的需求是客观存在的。营销者要善于捕捉市场机会，发现消费者新的需求，寻求最佳的目标市场。我国现在有许多企业不注重市场细分，看不到消费者需求的差异性，把全国各地都看成是自己的市场，因而在市场创新中缺乏针对性，导致营销效果和竞争力的降低。在市场创新中，要在科学的细分市场的基础上，从对消费者不同需求的差异中找出创新点，这是至关重要的。

总之，在知识经济时代，创新战略是企业生存发展的生命线。观念创新是先导，组织创新是保证，技术创新是核心，产品创新是关键，市场创新是归宿。

2. 人才战略

创新是知识经济时代的灵魂和核心。但创新要高素质的人才才能创新。知识经济时代的竞争，其实质是人与人、群体与个人高科技知识、智力、智能的竞争；是人的创新能力、应变能力、管理能力与技巧的综合素质的竞争。人才战略主要包括以下几个方面。

(1) 人本智源观念。营销者要牢固树立人才本位思想。知识经济时代，知识和能力是主要资源。知识和能力的生命载体是人。有人才，就能发财。北京大学方正集团就是极好的例子。10 年来方正资产增长 7000 倍。方正集团的负责人王选说得好，他们靠的就是解决“才和财”的关系。他们是用才发财，发了财，增长知识再发财。他们把学者的学术抱负和利润追求结合起来，形成了才和财的良性循环，这是一种真正的知识产业，高技术产业。

(2) 终身学习观念。由于知识更新节奏的加快，一个大专毕业生工作 5 年后，将有 50～60%的知识被更新掉。对于个人来说，要树立终身学习观念。对企业来说，要树立全员培训观念。

3. 文化战略

企业文化包括企业经营观念、企业精神、价值观念、行为准则、道德规范、企业形象以及全体员工对企业的责任感、荣誉感等。它不仅是提高企业凝聚力的重要手段，同时，它又以企业精神为核心，把企业成员的思想和行为引导到企业确定的发展目标上来，它又通过对企业所形成的价值观念、行为准则、道德规范等以文字或社会心理方式对企业成员的思想、行为施加影响、控制。价值观是企业文化的基石。许多企业的成功是由于全体员工能够接受并执行组织的价值观。

知识经济时代，企业文化战略的特殊重要性主要在于知识经济时代所依赖的知识和智慧不同于传统经济所依赖的土地、劳动力与资本等资源，它是深埋在人们头脑中的资源。知识和智慧的分享是无法捉摸的活动，上级无法监督，也无法强制，只有员工自愿并采取合作态度，他们才会贡献智慧和知识。

4. 形象战略

在信息爆炸的知识经济时代，产品广告、销售信息等很难引起消费者注意和识别，更谈不到留下什么深刻印象。在此情形下，企业间竞争必然集中到形象竞争上。形象竞争，企业现在已经在应用，但很多企业并没有足够的重视。在知识经济时代，广告宣传也随之进入“印象时代”，企业用各种广告宣传和促销手段，不断提高企业声誉，创立名牌产品，使消费者根据企业的“名声”和“印象”选购产品。正如广告专家大卫奥格威所说“广告是对品牌印象的长期投资”。

案例：论我国药品零售连锁企业的市场营销战略

我国药品零售业从 20 世纪 90 年代中期开始引入连锁经营模式，目前已有药品零售连锁企业 400 多家，连锁门店 7800 多个。采用连锁经营棋式能够方便药品企业监督和认证，有利于规范药品购销渠道和保证药品质量，还能有效地提高企业的管理水平和市场竞争力，因而连锁经营将成为我国药品零售业发展的趋势。随着我国加入世界贸易组织，2003 年开放药品分销服务行业，我国药品零售市场将由药品零售连锁企业主宰，我国的企业欲与进入我国市场的国外企业相抗衡，要想扩大经营规模，争取市场份额，提高盈利水平，就必须制订出适合自身发展的市场营销战略。

（六）药品零售连锁企业的市场营销战略

药品零售连锁企业是指经营同类药品，使用统一商号的若干个门店，在同一总部的管理下，采取统一配送、统一质量标准、采购同销售分离、规模化管理组织形式的零售企业。药品零售连锁企业可以根据自身的规模、实力，采取相应的市场营销战略。

1. 侧翼战略的应用

药品零售连锁企业最大的竞争对手是医院药房。长期以来，人们形成了“到医院就医，在医院药房取药”的思维模式，而不习惯到零售药店进行处方外配，只有在患小病时优先选择直接到零售药店购药。药品零售连锁企业作为具有先进经营模式的零售药店，可以充分发挥自身优势，采取侧翼战略，吸引医院药房的潜在消费者到连锁药店购药，以提高药品终端市场的份低价侧翼战略：我国医院药房的药品一般采用最高零售价，这是由医院进药数量有限和行业垄断地位决定的。而药品零售连锁企业具有规模化经营的特点，能以较低价批量进购药品，在保证盈利的前提下，可运用成本导向法和需求导向法，制定出低于医院药房的药品销售价格。

（1）老顾客档案侧翼战略：据了解，我国一些小型药品批发站点也为人们提供小批量批发药品服务。由于医院药房有凭处方取药的限制，而处方的药量一般仅为几天，故一些患慢性病或治疗周期长的患者出于经济考虑，趋向于到批发站点购买所需药品。但我国《药品流通监督管理办法》第12条规定：未经批准，药品批发企业不得从事药品零售业务；药品零售单位不得从事药品批发业务。显然，这些药品批发站点的行为不合法，迟早会被取缔。药品零售连锁经营企业可以通过开展建立老顾客档案业务，对连续购买同种药品的老顾客给予价格优惠，并确定优惠数量级别和价格标准。

（2）多元化经营侧翼战略：医院药房只供应药品和部分保健品。药品零售连锁企业则可以不受限制，经营药品以外的物品，如食品、健康护理用品、美容化妆品、休闲娱乐用品、家庭日用小商品等，而且还可以开展其他业务，如深圳海王星辰连锁药店就开办了兼营彩扩业务的药店。开展多元化经营不仅可以满足消费者的多种需求，还可以找到新的营利点，维持企业的生存和发展。

2. 游击战略的应用

我国医院药房具有固定的消费群体，而大型药品零售连锁企业则具有资金的优势，因此，中、小型药品零售连锁企业可以采用游击战略，避开激烈的竞争，开拓自己的市场空间。

（1）地域游击战略：我国医院一般都设在城镇，大型药品零售连锁企业的连锁门店也大多集中在城市繁华地段，而乡村尤其是偏远山区几乎没有医院，有的只有卫生站，大型药品零售连锁企业也很少涉足。中、小型药品零售连锁企业由于资金有限，可以避开经营费用较高的城镇地区，发挥自身小巧灵活的经营优势，在农村开设连锁药店。例如，2000 年 9 月成立的民营企业广东柏康连锁药店就将农村作为根据地，所开设的 40 多个门店全部深入村一级农村腹地，取得了可喜的销售业绩。

(2) 互补：通过联合招标采购，降低药品购进价格，制定统一的药品零售价；通过配送中心药品资源共享，保证药品经营种类的齐全。如此一来，即可提高中、小型药品零告连锁企业的市场占有率和盈利水平。

防御战略的应用规模大的药品零售连锁企业要想保持领先地位，必须不断扩大经营规模，运用先进技术完善经营管理，并采取有效的手段阻止其他竞争者威胁性的进攻。

(3) 一体化发展防御战略：大型药品零售连锁企业可以采取后向一体化战略。“后向”指企业的药品供应系统；后向一体化指兼并药品批发企业，使其成为自己的配送中心，缩短药品分销渠道，有效控制药品的购销成本。尤其是实施跨地区经营的大型药品零售连锁企业，可以跨地区兼并市、县级药品批发企业，将其改组为其区域性药品配送中心。

企业也可以采取前向一体化战略。“前向”指企业的药品销曹系统；“前向一体化，指以收购兼并、加盟经营、特许经营的方式，将规棋小的独立药店纳入自己的连锁体系，对其进行统一管理，包括药品配送、人员培训、财务控制，以提高企业连锁规摸，实现品牌无形资产的迅速扩张。

企业还可以采取水平一体化战略。“水平”指同类型企业；水平一体化指以控股、合作的方式与其他具有特殊优势的药品连锁企业合并，提高市场占有率和经营利润。如以经营西药为主的大型药品零售连锁企业，可以与具有经营中药或保健品优势的连锁企业联手，提高市场竞争力。

(4) 物流信息化管理防御战略：物流是指商品实物的流通，包括运辅、装卸、储存、保管、配送等活动，反映商品时间和空间的变换，是企业扩大销售、降低成本、取得竞争优势的关键因索。对药品零售连锁企业来说，适时适量的药品储存，可以帮企业创造批盆采购的条件；及时准确的药品配送，可以帮企业维持正常的经营秩序。随着信息技术的发展，大型药品零售连锁企业可以对物流进行信息化管理。可以采用药品条形码微机管理，对药品的进购、配送、销售进行微机控制，将分店销售药品的数据自动转为供货信息，由配送中心根据分店供货信息制定配送方案，再由总部根据配送中心的药品储存情况拟订药品进晌计划。物流信息化管理可以有效提高企业的经营效率和资金利用水平。

（5）品牌防御战略：大型药品零售连锁企业可以利用规模经营优势和已有的企业声誉，将所销售的药品赋予自己特有的品牌，在药品包装上贴附具有企业标志的防伪标识，并对消费者承诺所销售药品的质量企业员工还应佩戴印有企业标志和技术职称的胸卡上岗。品牌防御战略不仅有利于企业的广告宣传，可以提高企业的知名度，巩固企业的领先地位，还能够有效地增强消费者对企业的信任度和忠实度。

（6）宣传广告防御战略：医院药房附属于医院，很难单独进行广告宣传，而大型药品零售连锁企业可利用自身的资金优势，开展各种企业形象的宣传活动，提高企业的知名度进而提高经济效益。企业可开展各种公益活动，如开展各种名义的捐赠、下乡送药等公益活动，并以新闻报道的形式在广播、报纸上对活动进行宣传，企业可选择电视、电台、报刊、路牌、霓虹灯灯箱、橱窗、公交车身等各种媒体相互协调宣传企业形象。通过广告宣传可有效巩固企业的行业领先优势，提高企业的市场竞争实力。

3．进攻战略的应用

（1）单一战线进攻战略：一些经营品种具有特色的药品零售连锁企业，可以充分发挥自身的独特优势，在特定领域占据领地。以经营传统中药为主的老字号药店，可利用在民族药业中的优势，集中精力开拓国内、国际市场，努力提高经济效益。如北京同仁堂、杭州胡庆余堂和李宝底堂在杭州商场设立中药材专柜，取得了良好宣传效果；吉林大药房在开拓国际市场上跨出历史性的第一步，与美国世界博爱药业集团协商签订了在美国开设吉林大药房连锁店的合同，计划在美国加州开设两个连锁店，主要经营吉林长白山名贵中药材和符合美国 FDA 标准的中国药品、保健品。

（2）薄弱环节进攻策略：药品零售连锁企业可以利用商业经营特点，发挥可提供多种特色服务的优势，开展医院药房不便开展的服务业务。第一，采取多种售药方式，最大限度方便消费者，开展预订药品、电话购药、免费送药上门的速递服务和邮递药品业务；第二，设立咨询服务台由执业药师为消费者提供咨询服务，另外，执业药师还应在门店内巡视，主动为消费者购药进行指导；第三，设立咨询服务电话，定期与消费者进行交流，询何用药效果。收集不良反应资料，纠正不良用药习惯，以提高消费者的忠诚度；第四，定期开展安全用药宣传活动，分期介绍各种常见病的用药知识，并印发宣传手册；第五，设立医药书刊阅览区，设置饮水机和按摩器等设施；第六，实行缺货登记制度，邀请消费者任监督员，设立意见箱和投诉电话；第七，购置一些设备，如中药电子调配柜和中药煎药机，为消费者快速准确调配中药，并免费煎药，以保证销售药品的质量，还可设立灯检箱，对针剂药品实行出店前全检，确保针剂质量。

药品零售连锁企业在制定自己的市场营销战略过程中，要认真全面地分析企业自身和外部环境的状况，选择可行有效的营销战略。营销战略在具体实施时，应根据环竣的变化，及时做出适当的调整。市场是一个没有硝烟的“战场”，药品零售连锁企业要想取得成功，争取更大的中国药品终端市场的份额，必须拥有正确的市场营销战略。

二、人才绩效体系

（一）总则

为鼓励创新、激发热情，根据公司发展规划结合当前研发工作实际，特制定本绩效考核制度。

（二）绩效考核的总体要求

（1）对“目标”的要求：明确、量化、可行。

（2）对目标的完成情况要求定期评估、考核、面谈与辅导。

（3）绩效考核的结果要求定期公布执行。

（三）绩效考核的组织原则

（1）“集体讨论、主管执行”，即目标制定、绩效评估、绩效考核要经由考评小组集体讨论通过；具体的面谈、辅导由直接主管负责一对一进行。

（2）参加评估、考核的人员，在结果/结论未批准前，不准泄露任何有关信息；结果/结论批准后，不准泄露讨论过程的任何信息。

（四）制定目标的程序

（1）经理部针对具体项目向总经理请示，要求组建目标制定小组，其成员必须有经理部经理、公司主管领导参加，经理部经理为组长。

（2）目标制定小组根据公司年度生产经营计划制定具体的绩效目标，报请总经理批准执行。

（3）经批准的绩效目标，由部门经理与人才中心人员签订《绩效目标责任书》，正式执行。

（4）经批准的绩效目标由人才中心送经理部备案，同时也供经理部经理监督执行。

（五）绩效评估的程序

（1）由目标制定小组承担绩效评估工作，并由目标制定小组组长主持评估会议。

（2）逐个将人才中心人员实际完成的情况与《绩效目标责任书》中规定的绩效目标进行对比评估，形成评估结论；评估结论要求清晰、明了，既肯定成绩又指出差距。

（3）评估会议要形成会议纪要，评估结论要形成书面材料，由经理部保存，作为面谈、考核之用。

（4）绩效评估结论报请公司主管领导批准。

（5）经批准的绩效评估结论，必须于批准的次日公布。

（6）评估周期：每月1次。

（六）绩效考核的程序

（1）由目标制定小组承担绩效考核工作，并由目标制定小组组长主持考核会议。

（2）逐个将研发人员的月度评估结果与《绩效目标责任书》中规定的绩效目标进行对比评估，形成考核结果；考核结果的形式为奖励、惩罚、表扬、批评的一种或几种。

（3）考核会议要形成会议纪要，考核结果要形成书面材料，由经理部保存，作为面谈、考核之用。

（4）绩效考核结果报请总经理批准执行。

(5) 经批准的绩效考核结果，研发部门必须于批准的次日公布执行，并送人力资源部门一份存档。

(6) 考核周期：每季度1次。

(七) 绩效面谈与辅导

(1) 由经理部经理负责与人才中心人员进行具体的面谈与辅导。

(2) 面谈与辅导的时机：评估结束、考核实施前后或部门经理认为恰当的时候。

(3) 面谈与辅导的周期：每月最少1次。

三、文化传播体系

文化传播体系是公司核心的价值体系，它也是笔者提出的企业隐性价值的一部分。是随着企业成长并逐渐沉淀下来的一种产物。会变成潜在的、约定俗成的规则存在于企业当中，它与企业的老板文化有着密切的关系。企业运营中最高级的管理就是文化管理，它虽然无形但也会在工作的各个环节中体现得很具体，文化经营是经营人的精神世界，管理者实际管理的是一种状态，这种状态是无形的但它能决定队伍是否有战斗力，这从我们身边的很多销售团队中已经体现的非常明显。文化传播分成积极的文化传播和消极的文化传播，这两种传播犹如磁场的两极，都有着巨大的引力，往往在企业中很容易失衡，那么如何让积极的文化传播能成为主流，这要从认同感和价值观上找到突破口，一个企业不能光有企业梦想，如果员工和企业做的梦不一样那么企业如何实现梦想呢？因此只有将企业梦想转化成每位员工的梦想，当员工实现梦想的时候企业才会腾飞，这是企业文化经营的核心。

第三节　四个板块确保功能健全

市场管理板块、业务执行板块、服务支持板块、销售管理板块。在营销管理中这四个板块是系统管理中经常拿来使用的工具。一个完善的营销体系必须要有一个市场管理板块，这个板块中包括产品推广、学术支持、促销策划、品类研究、产品战略等多个方面，很显然，企业如果有一个强大的市场管理板块，就会有强大的营销支持，他是上面讲到的市场战略体系中的重要组成部分。完善的板块应该分成几个部分，有集团层面的，也应该有基础市场层面的，因此这个部门是指导营销战略发展，品牌规划以及产品发展和品牌传播的重要板块。

一、市场管理板块

市场管理是国家运用法律、政策和经济措施对市场交易活动进行的管理。旨在维护市场秩序，保护合法经营和正当竞争，稳定物价，保障消费者权益。内容包括企业登记管理，城乡贸易市场和交易所管理，商标和专利管理，广告管理，经济合同管理，商品质量和计量管理，价格管理等。

（一）市场管理的发展

自从有了国家以后，便有了市场管理。在中国春秋战国时期，随着市场商品流通和商业的发展，就有了明显的市场管理制度。据《周礼》记载，当时市场设有管理的长官“司市”，下设管理出租地皮的“载师”、管理出入市场货物的“闾师”、辨别货物真伪的“胥师”、管理物价的“贾师”、维持市场秩序的“司虣”、检查服饰和物品是否合乎规格的“司稽”、验证成交的证券书契的“质人”、专司收税和罚款的“廛人”等官吏。但是，系统的、严密的市场管理，却是随着资本主义的兴起，市场商品流通和商业的空前发展以后才逐渐形成的。为了保护资本主义商品流通和生产的正常进行，维护资产阶级的利益，在市场行政管理方面，资本主义国家制定了许多管理条例。在社会主义社会，仍然存在着商品经济，存在着市场，同样需要有市场管理来保护社会主义商品流通和生产的正常进行。就维持市场正常经济秩序来说，各个社会形态下的各种市场都是需要的，但管理的性质和目的各异，内容和手段也有所不同。

（二）市场管理的内容

现代市场管理所包括的内容主要有：实行企业登记，确定企业的法人地位，保护合法经营；管理经济合同，监督合同执行，保护经济当事人的正当权益，注册和管理商标，取缔侵犯或假冒商标的行为，保护商标专用权，管理食品卫生和药物，以保证人们的身体健康和生命安全；管理集市、交易市场、贸易中心、交易所等集中交易的市场的经济秩序，以保证交易的正常进行；管理外地采购和外地推销，以维持所在地的市场秩序，保证地区贸易的正常进行等。

社会主义条件下的市场管理，与资本主义的市场管理不同。其任务是通过管理好社会主义统一市场，活跃和发展商品流通，达到促进生产、保障供给、繁荣经济、巩固社会主义公有制的目的。在中国，现阶段市场管理的总原则是“活而不乱，管而不死”。

二、业务执行板块

业务执行板块中主要是在营销总部或营销公司以下分支或地区的组织建立，这个层面的组织建立合理与否是非常重要的，直接决定了业务开发过程中的高效或低效，能否为企业既定的商业模式服务是业务板块的重要课题，这里面会有许多种方式，包括合作模式的、直接管理模式的、承包制的等。无论哪一种形式，我们需要对业务体系的契合度进行评估，对团队的整体可控性进行关注，因此这个板块中的管理者（中层管理者）必须要具有承上启下的能力，中层管理者不但要知道自己想要什么，还要知道员工们想的是什么，如何达成业绩是这个版块管理者的使命。

三、服务支持板块

如何提升服务质量呢？我认为可从如下几方面入手：服务从细节出发，突出细节作用任何一个高效率高品质的企业都在于其杰出的团队力量，而团队力量则是建立在每个人、每一个部门的“细节服务意识”上，因此必须着手抓细节。只有持续提升自己的服务质量，才能够始终满足顾客的需求。“勿以善小而不为”，改善服务中的每一个细节，把它们当作大事来切实落实；“勿以恶小而为之”，损害形象的每一个细节，都不能当作小事置之不理。提升服务质量要从点滴做起，要让每一点改善都带给顾客更大的方便与满意，因为这才是服务的生命源泉所在。

服务不同于其他行业，有时它对员工道德素质的要求要高于专业素质。所以在对员工进行专业技能培训的同时，更应该注重个人素质方面的培训。

对每一位员工进行“职业道德、礼仪礼貌”等培训，培养员工与顾客沟通、协作的能力。让每一名员工注重与顾客建立良好的关系，在日常工作中积极热情地为每一位顾客服务。对一些不太了解、提出抱怨甚至反感的顾客，要主动上门与其沟通、交流。我们不怕出问题，甚至就怕不出问题，从来不怕被顾客指出缺点，相反，更会以感激的态度感谢顾客给我们提出批评、意见或建议。我们会将这些视为改正和提高的机会，使顾客最终理解、认同我们，真正体会到是“以人为本，顾客至上”的服务宗旨。具体如下。

（1）加快企业人才的培养，形成具有专业化服务水平的专业技术力量。应通过统一的培训、定期考核、评比等手段，提高自身员工的素质。随着员工素质的提高，管理手段的加强，管理水平的提高，服务质量也会随之相应提高。

（2）继续加强企业内部机制，增强员工市场竞争意识。企业不断改革的主要目的就是不断完善企业的运行机制，要在提高服务水平方面下工夫，就首先要加强员工的业务素质的考核，做到奖罚分明；积极实施竞争上岗，符合服务要求的人员继续聘用、不符合服务要求的人严格实施解聘；加强人才的选取聘用，将专业岗位工作在社会上实施专业选聘，保证社会先进管理专业技术的在企业中能够得到运用。通过企业内部机制的建立与健全，增强员工的市场竞争意识，有利于调动员工的工作积极性。只有发挥了员工的主观能动性，才能使服务上一个台阶。

做好顾客投诉接待与处理，把顾客投诉视为宝贵资源。顾客的投诉恰好是送给我们最好的礼物，为何不坦诚面对？对我们来说，只有认真分析顾客的意见，虚心接受批评，积极解决问题，切实提高服务水平，才能形成更强的竞争力和更好的品牌效应。以积极的姿态正视顾客的各种投诉，不断反省自我，把顾客投诉当宝贵的资源，才可以及时发现管理与服务中的不足，尽可能的去改进服务，促进管理服务质量的不断创新与提高。总之，顾客的不满就是工作改进和努力的方向。

企业应该注重：

①调动员工们的一切积极性。为了把员工们的积极性调动起来，应不断制了一系列激励机制的政策，以提高员工的工作热情和责任心。

②加强质检，严格考核制度。服务的提高，就必须有严密的管理措施，

加强质检队伍，提高质检质量水平和考核力度，增强员工的服务意识，提高管理服务质量。

③加强质量体系的管理，抓好企业员工的教育培训工作。服务的质量、企业员工的业务素质，是一个企业核心竞争力的重要组成部分，是参与市场竞争的一种能量。

四、销售管理板块

销售管理板块中主要是公司中高层的组织模型设计，管理板块是为企业战略服务的最高战术落地职能部门，让销售管理板块中的管理者能成为公司的命运共同体，让业务执行板块中的管理人员成为公司的利益共同体，这是是能让公司稳步向前发展的有力保证。那么在营销管理中还有一个幕后的工作板块，就是服务支持板块，它包括了数据采集和数据分析为主的数据中心、销售行政、销售财务、销售人力资源等服务和支持板块。这四个板块完善后再根据企业发展阶段和销售的具体情况将以下五个系统逐一成型，这就形成了系统管理的主题思路，那么在搭建以下系统时我们需要遵守着，以市场为依据，匹配功能；以组织为根本，匹配服务；以管理为核心，匹配系统的原则进行分步实施，不能一味求大求全，忽略了公司实际的运行情况。在系统管理法中，我们的工作是价值链的重新搭建，在遵守市场规律的前提下稳步提升企业的业绩，让企业进入一个全新的良性循环，系统管理方法对于一些企业来讲无疑是一种改革，任何一个企业都希望在改革中不影响销售，系统管理方法中最主要的一个原则是“遵守市场规律”，那么企业需要在恶性冲击扩销量和良性长远扩增长的方向上做出选择，同时系统管理法中会建立蓄水池功能，用来稳定业绩增长和兑冲改革带来的波动，因此系统管理方法的活用会给企业带来持续的高增长。

第四节　五个系统健全流程及制度

一、财务管理系统

财务管理的对象是企业的资金运动及其体现的经济关系。企业财务管理是紧密结合资金运动过程进行的，医药商业企业的资金运动，包括资金的筹集，运用和分配等活动。

（一）资金的筹集

企业通过各种渠道取得资金，以满足商品经营的需要，这是资金运动的起点。医药商业企业的资金来源主要是国家财政拨款、银行贷款、内部积累，发行股票、债券、融资租赁等形式。也可以在企业内部面向职工筹集。上述筹资方式，体现着不同的经济关系，如所有权关系、债权关系。企业应权衡其经济性质和相应的经济利益加以选择利用。

（二）资金的运用

医药商业企业从不同渠道取得的资金，伴随着商品流通过程，不断地进行资金循环和资金周转。商业企业资金，按其在商品流通中的作用和变化特点，可分为固定资金和流动资金。固定资金是固定资产的货币表现。固定资产的价值，根据其磨损程度，通过分期摊提折旧费的方法，逐步转移到流通费中去，成为商品，价格的组成部分，从而得到补偿。流动资金是流动资产的货币表现。商业流动资金的运动过程，依次经过两个阶段：在商品购进阶段，由货币资金形态转化为商品资金形态；在商品销售阶段，由商品资金形态转化为货币资金形态。二者互相交替，周而复始地不断循环，形成了流动资金周转。

（三）资金的分配

医药商业企业的资金分配，是指销售收人的分配。企业的销售收入，缴纳销售税金后，一部分用来重新采购商品，支付工资和其他流通费用，保证商品流通的继续进行。一部分用以补偿固定资产的损耗，形成更新改造基金，保证固定资产的重置。其余部分为企业的利润，经过税前调整、交纳所得税，上交利润和税后留利分配，正确处理国家、企业和职工三者利益的关系。

（四）医药商业企业财务管理的内容

医药商业企业财务管理的内容是由企业资金运动的内容所决定的，其基本内容如下。

1. 资金管理

包括资金筹集和运用的管理。主要有资金筹集管理、流动资金管理、固定资金管理和专项资金管理。通过资金管理，合理筹措使用资金，提尚资金利用效果。

2. 费用管理

包括商品流通费的管理和其他开支的管理。费用和开支是企业组织商品流通的耗费。通过费用管理，既要保证组织商品经营的需要，又要节约费用支出，降低成本，提高企业经济效益。

3. 利润管理

包括税金和利润的管理。企业正确计算销售收入和利润，依法纳税，按规定合理分税后留利，正确处理国家、企业和职工之间的物质利益关系。财务管理的特点是涉及面广，综合性强，灵敏度高，是围绕企业资金运动所进行的一切管理工作的总和。其基本特点在于它是一种价值管理。通过财务管理可以为企业领导者提供企业经营活动情况与经营成果的重要财务信息，作为经营决策和组织管理的重要依据。

（五）医药商业企业财务管理的任务

医药商业企业财务管理的基本任务是：正确处理经营过程中的各种财务关系，保证企业以较少的资金消耗和资金占用，取得较大的销售收人和利润，为实现企业的根本任务服务。具体任务有以下几个方面。

（1）积极筹措和供应资金，保证商品流通的需要。企业财务管理的首要任务是筹集资金，及时组织资金供应，合理节约地使用资金，保证企业经营活动的顺利进行。

（2）加强经济核算，降低经营成本，增加企业盈利。企业财务管理要借助于资金、成本和各项费用定额，对购、销、运、存等经营过程实行财务监督，以便控制资金占用和费用开支，加速资金周转，促使企业合理地使用人力和物力，以尽可能少的耗费，取得尽可能大的经济效益。

（3）分配企业收入，完成上缴任务。企业财务部门对已实现的销售收入要合理进行分配，正确补偿销售成本，完成国家税收，上缴利润，归还到期贷款，及时清理债权债务，发放工资和奖金，正确处理有关各方面的利益关系。

（4）实行财务监督，维护财经纪律。财务监督就是利用财务制度对企业经销活动所进行的控制和调节，其目的在于发挥财务管理对经营活动的积极能动作用。财务部门通过它的职能活动对企业各个环节上的货币收支和各方面发生的经济关系进行监督，就能保证财经纪律的执行。符合国家法令、政策和财经纪律的，就支持办理，否则应就抵制或杜绝办理。做好财务管理工作，应搞好财务预测，财务决策，计划管理和日常财务管理，进行财务分析。还要建立财务机构，配备必要的合格财会人员，制定严格的财务管理制度。

二、数据管理系统

GSP 医药管理软件紧贴医药行业，围绕连锁企业业务流程，结合国家规定医药行业管理规范，GSP 和 GMP 标准，围绕医药企业日常进、销、调、存、GSP 管理等关键要素，进行业务处理。系统涵盖计划管理，采购管理，库存管理，批发管理，POS 零售，GSP 专项，远程零售，远程批发，远程库房，配送管理，信息管理，统计分析等业务模块。

系统采用最前沿的软件开发技术，采用 SQLSERVER 数据库，运行安全稳定、操作简洁实用、方便易用、可满足多种经营模式和特性管理需求、全面 GSP 质量管理规范、全新决策支持、科学库存管理及流程控制等特点，为企业提供良好的信息管理平台和经营流通渠道，最大程度保证医药物流清晰，信息通畅，资金流转更快，库存最优化，是辅助药品流通企业顺利通过 GSP 认证的强有力工具，有利于传统医药公司向规范连锁组织的顺利转型，是协助企业实现经营管理规范化和信息化的重要手段。

1. 系统适用范围

医药批发、零售企业，医药连锁超市，医药生产企业等。

2. 系统特色

系统操作简单，功能完善，运行稳定，扩展性和开放性强。开放性数据接口和数据库结构，可以和多种财务软件接口，同时可以自定义报表和单据格式。

用户界面友好，提供菜单和导航式流程界面两种操作方式，业务清晰流畅，满足用户不同操作习惯。

严格安全机制，系统每个功能模块和功能菜单均可设置权限控制，针对不同操作员设置不同的权限，系统全程记录每个操作员的操作日志，给予系统最大的安全保证。

药品批次、有效性处理，可以根据药品不同的批次和不同生产日期进行进货、销售和库存管理，对过期失效药品可以自动报警提示。

支持一品多商，灵活的供应商结算，多种结算分配原则；多种结算方式供选择，如购销现结，代销月结，帐期结算，实销实结等方式。

GSP 专项，GSP 专项管理与业务操作无缝连接，全面支持 GSP 的报表管理和档案管理；GSP 单据的录入、查询和打印均以所见即所得的方式实现。有效的帮助用户对药品在流通环节所有可能发生质量事故的因素进行控制，从而防止质量事故发生。系统支持连锁店之间进行数据传输，总店对分店进行远程管理，远程配送。

提供自动提示功能，对于到期的应收帐款、应付帐款、过期订单、库存异常等情况可以自动提示，对库存不足或超出可实现自动报警，是管理者处理事项的好帮手。

提供强大的分析和查询功能，产品引用先进的管理思想和理念，提供全面的、科学的、高效的综合分析功能，用户可以从多角度、多条件组合查询供应商、客户、药品及各类业务信息；查询速度几乎不受数据量限制，避免繁琐而低效的手工翻帐查询。

3. 业务功能

基本信息：药品品牌、类别、包装单位、分店、仓库等信息管理；供应商、大客户、生产产家、区域信息信息维护；提供供应商、药品有效性查询；提供普通打印机和专业打印机多规格打印条码、标签。

采购管理：完备的进货、订单、质量检验、入库、赠送入库、付款、退货业务流程，药品依据批次、生产日期和有效期进行入库，对不同批次的药品分别进行管理。用户可以在商品一供应商关系中进行商品历史采购价格参考。提供智能补货功能，根据药品销量、采购周期和库存上下限进行补货情况检索，可根据不同供应商自动生成采购订单。

批发管理：强大的客户关系管理和完善的后台批发、开单、销售、出库、收款、退货等业务流程，系统自动提供该客户上期批发单价和商品库存参考。多种收款方式，支持按单收款和按不按单结款。

仓库管理：可以实现多仓库多柜台设置，商品调拨、移库、领用、报损、赠送、盘点功能齐全，盘点安全准确，动态分析库存成本。设置库存上下限指标，可自动进行超量库存报警。过期商品和药品批次查询，以保证更好地执行 GSP 管理。

财务管理：灵活的供应商结算，系统提供多种结算方式供选择，如购销现结、代销月结、实销实结等。根据采购批发业务自动生成应收、应付款，提供客户和供应商结算单。对拖欠款项予以报警提示，并可提供财务预算，以便账款统计和查询。

卖场管理：可实现对收银员、营业员、部类商品信息的管理；后台实时监控前台销售状况。对药品的销售提供特价单、拆分单、加工单等辅助销售工具；电子秤管理；强大查询功能，按时间段进行前台 POS 销售统计，实时查询系统库存、过期失效药品和药品销售情况。

GSP 专项：以 GSP 质量管理为核心，提供审批管理、设备管理、员工管理、库存在线管理、药品入库管理、出库管理、不合格药品管理、销售退货入库管理、库房设施管理；严格 GSP 审批，进口药品专项登记，对供应商执照到期的企业将提供自动报警提示；严格的药品出入库流程管理，不合格药品的去向做到有帐可查，对药品在其流通周转、经营和销售的全过程中，可能出现的质量问题进行全方位的控制。

经理查询：系统提供类型齐全的进销存报表、毛利报表、决策分析报表、异常分析报表，对进、销、存各个方面的数据进行全盘综合分析，为您经营决策提供第一手数据资料。

系统管理：严格的安全管理机制，操作员按操作角色、操作模块以及操作按纽进行权限设置，对操作员的操作日志进行全程跟踪，最大程度保证系统的安全。系统提供数据安全备份，数据恢复，数据的导入导出，数据库维护等功能，以保证系统数据安全以及系统的正常运行。

前台POS销售：前台销售功能强大，操作简单灵活、快速安全，可以按PLU、货号、部类销售，可以处理退货、折扣、让利、赠送、多笔挂单，可以指定柜台仓库销售，提供信用卡、人民币、港币等多种支付方式。支持购物券、储值卡、会员卡前台消费，支持前台盘点，前台断网销售并自动恢复，支持逐行扫描逐行打印等功能。

三、商务分销系统

医药行业本身是一个比较特殊的行业，所以虽然医药分销也随着市场发展而发展起来，但是在发展过程中，医药分销管理系统或多或少会存在一些问题。

（一）配送规模较小，发展不平衡

配送中心的优越性在于它达到一定规模和一定水平，从而形成规模经济以后才能充分发挥出来。然而由于受到医药行业的限制、地域分割的影响等原因，物流网点布局分散、规模小、效率差，在此基础上建造的配送中心，规模达不到提高社会总体效益的程度，无法形成规模优势，导致配送双方的积极性受挫。

（二）配送中心现代化程度低

从现有情况来看，医疗行业并没有专业的物流管理系统，计算机应用程度较低，仅限于日常事务处理，而对物流中的许多重要决策问题，如配送中心的选址，货物组配方案，运输的优秀路径，优库存控制等方面，仍处于半人工或者可以说完全人工决策状态，仅仅是管理人员凭借自己的经验进行决策。

所以说，适应具体操作的物流信息系统的开发滞后。其次，机械化水平程度较低，基本上是原有物流设施转过来的，无论是技术还是设备都比较陈旧，同国外以机电一体化、无纸化为特征的配送自动化、现代化相比，仍有相当的差距。此外，整体的物流技术水平比较落后，具体体现在运输技术、储存保管技术、装卸搬运技术、商品检验技术、包装技术、流通加工技术以及与物流各环节都密切相关的信息处理技术方面，与国外先进技术比，差距也不小。

（三）配送中心的功能不健全

配送中心是集诸多流通功能于一体的现代化流通中心，尤其强调各功能的协调和一体化。其基本功能远远超出了仓储和运输的范围，如购销功能、储存保管功能、运输配送功能、装卸搬运功能、流通加工功能、包装功能、信息处理与信息反馈功能。

（四）连锁商业配送中心的作用体现不足

从我国连锁商业的现状来看，主要呈现两种态势。

(1) 根本没有配送中心。这类连锁店只是挂上同一块招牌，装修成同一格局的店面而已。

(2) 具有名义上的配送中心。这类连锁店，具有名义上的配送中心，但是配送中心的作用基本上只是仓库的功能。这与连锁经营的本质特征是相违背的。因为，连锁经营除了要求统一店名店貌、统一服务规范、统一广告宣传等形式上的统一化管理外，本质的统一采购和统一配送才是连锁经营具有强大优势的生命力所在。

（五）建设配送中心的资金不足或配送中心的规模不足。由于资金短缺或者其他方面的原因，如果影响到配送中心的建设规模和发展。商品配送中陈旧设施设备无力改善，商业连锁配送由于配送面过窄，集中进货带来的成本降低及价格优势则无法实现。医药分销管理系统现存的问题主要是物流无法跟上发展，导致医药分销行业缓慢发展。

四、市场督导系统

只有拥有了终端，才真正拥有了市场。广义终端是指商品从生产厂家到真正购买者手中的最后一环。终端可以是零售场所，也可以是人员直销、厂家直销、邮购、展销。狭义的终端是指商品的零售场所。终端是购买者实现购买的场所，是销售渠道中最关键的神经末梢。

市场分析表明，消费者在到达终端前就计划好购买何种产品的仅占30%，而70%的消费者是在销售终端决定购买何种产品以及购买的数量，而且已有购买计划的消费者中，又有13.5%会因某种因素的变化更改原来的购买计划，这就是产品终端促销的潜力和机会所在。一些企业的快速成功是有效开展终端促销的结果，而市场督导管理在营销战中扮演着重要的角色。

终端营销是最有效的营销利器。产品广告只是创造机会和营造氛围，而终端直接促成销售。不少企业不做大众媒体广告，而在终端着手品牌形象建设，加强堆场、货架的维护与管理，组织促销员进场，也取得相当出色的市场效果。因此，企业不仅要注重对终端的建设与维护，更要经常进行市场督导管理工作。

（一）市场督导管理的意义重大

企业的市场制胜法宝，就是“终端为王”的营销策略，而市场督导管理工作在整个营销工作中是非常重要和必不可少的，有些企业为了节省费用开支，根本不建立督导制度，这是极不明智的；而建立了督导管理制度的许多企业，则往往把这些制度闲置一角，当某市场出现问题时，就连忙派人奔赴现场临时督导管理一下，而没有把督导管理工作转变为制度，有计划有步骤地开展工作。这种有事即督，没事即停的现象，在一些大型企业中也存在。这很明显是没有把督导管理这项工作的重要意义搞清楚，没有把督导管理工作转变为制度。

产品市场的推进是分阶段和分步骤进行的，市场督导管理者不同阶段要及时和准确地对该阶段市场状况有一个正确判断，为督导管理工作的下一步提供参考依据。企业推向市场的是产品，办公室里看到的数字只是销量，业务员要的是销量，促销员要的也是销量，单纯的数字难以真正反映问题。要挖掘数字背后的东西，正确的判断来自准确的市场资料分析，而由销售人员提供的市场资料准确性的修正和判断，则来自于市场督导管理者从市场上为企业提供的第一手资料。

（二）市场督导管理的作用重大

市场督导管理工作，是对业务代表拜访终端产品销售店结果的检查，是协助业务代表发现问题、解决问题的有力补充，市场督导管理者同时也是配合业务员达到共同对产品销售店主要负责人和决策人的协同拜访。

市场督导管理同时又是对终端产品销售店运作情况的检查，包括硬终端与软终端检查。硬终端检查主要指产品检查与宣传品检查；软终端检查包括进门观察、营业员导向测试、产品知识测试、宣传资料检查、营业员随机询问与表露身份后的详细询查等。正确开展促销督导管理工作，督导管理者在督导管理工作中要把握收集信息和展开帮促两个主要的环节。

1. 收集信息

所谓收集信息，主要是收集主要竞争对手，或者一些大型企业在当地所覆盖的终端销售店或卖场；了解同类产品特点及其竞争优势；了解最畅销同类产品的畅销原因；了解本企业产品经销商、分销商的覆盖能力及覆盖销售店的销售数据；了解行业人士对终端销售店的评价和口碑，了解行业内的相关统计资料；终端销售店的实地了解，包括面积、营业员人数、地理位置、消费者人流量估算、周围社区状况及消费水平了解等。企业要不断强化市场的督导管理制度，获取真实、丰富的第一手市场信息。

2. 展开帮促

一家企业会有不同的产品，并且不断推出新产品，而促销员很难同时接受企业的产品培训，加上促销员的岗位流动性较大，这就需要市场督导管理者合理安排、特别指导，帮助促销员更好的推广产品，在人手紧张的时候，市场督导管理者有时甚至需要顶替促销员上岗。

运用好市场督导管理制度的企业、必定能增强服务营销的质量，提高产品竞争力和附加价值，在终端获得市场。市场督导管理对企业形象、品牌形象具有强力的塑造作用，能给企业和产品带来不可估量的效应，真正赢得消费者的长线效应。

（三）市场督导管理者的主要工作职责

市场督导管理是针对市场终端进行的监督和辅导的行为。作为一项综合性强、专业性高的工作，市场督导管理在激烈的营销战役中扮演着极为重要的角色，这也意味着对市场督导管理者自身素质的要求越来越高。

1. 市场督导管理者的作用

市场督导管理者处于一种承上启下的地位，必须对分公司、客户和员工尽义务。

对于员工而言，市场督导管理者代表着管理方、权力、指令、纪律、休假、收人和晋升。对分公司或上级而言，市场督导管理者是他们与员工和具体工作之间的纽带，市场督导管理代表着生产力、成本、人工效率、质量管理、客户服务的同时又代表着员工的需要和要求。对顾客而言、市场督导管理者甚至代表着整个企业。

2. 市场督导管理者的义务

市场督导管理者对分公司、客户和员工承担着重要的任务。

(1) 对分公司的义务。市场督导管理者对分公司的义务，主要是做好分内工作，这关系到企业重用市场督导管理者的原因；市场督导管理者有义务高效完成企业授权的工作；由于与员工和客户的日常接触比较频繁，市场督导管理者还有义务把员工、客户的要求汇报给企业。

(2) 对客户的义务。市场督导管理者对客户的义务主要有：新店开业的全程协助；日常营运管理的协助；加盟商日常培训工作的协助。

(3) 对员工的义务。市场督导管理者应为员工营造一种自己被接纳、被认同，能够坦言相对，具有公平性、归属感的开诚布公的工作氛围。那种强硬高压的管理法已经难起作用，所以，营造一种能使员工心甘情愿为督导管理者付出的工作氛围，不仅是督导管理者对员工的义务，也是自身工作的需要。

3. 市场督导管理者的岗位职责和主要工作

(1) 市场督导管理者的岗位职责。市场督导管理者的岗位职责主要有：确保客户部按质、按时地完成工作计划；确保直营店、加盟店的销售工作顺利进行；对企业各项方针政策在直营店以及加盟店的执行情况负责；对市场调研内容准确性负责；对加盟店选址可行性负责；对所掌握的销售数据的安全负责；对加盟店销售任务、培训结果、陈列状况负责。

(2) 市场督导管理者的主要工作。市场督导管理者的主要工作有：负责专卖店内所有员工的培训、工作考核、薪资考核，以及招聘、上岗、晋升、调职、辞退等人事管理；负责专卖店内新品上市的前期准备及店铺后执行的相关工作；负责专卖店内员工福利和薪资程序的行政工作，并向企业报告；

主持店长周、月、季、年营销例会，定期巡查店铺，填写巡铺报告；监督店铺促销活动的执行及促销结果的反馈工作；确保专卖店内递交的各项报表的准确性；监督指导直营店、加盟店的销售，监督企业各项政策在直营店和专卖店的执行情况；完成上司交给的各项调查任务；根据市场状况，提供科学有效的促销方案；协助加盟商调查市场编写调查报告；协助招商人员调查加盟商背景资料；协助加盟商选择店址并确定；指导、监督加盟店装修等事宜；协助加盟店的综合培训。

五、终端管理系统

（一）医药营销中的四种典型渠道模式

1. 多级渠道模式（图 8-1）

图 8-1

多级渠道模式是指药品由生产厂家生产，经过总经销商，分销到各地市二、三级分销商，再出售到药店或医院等零售终端，由终端售卖给最终消费者的一种药品销售模式。其特点是中间商数量多，层次多。

2. 二级渠道模式（图 8-2）

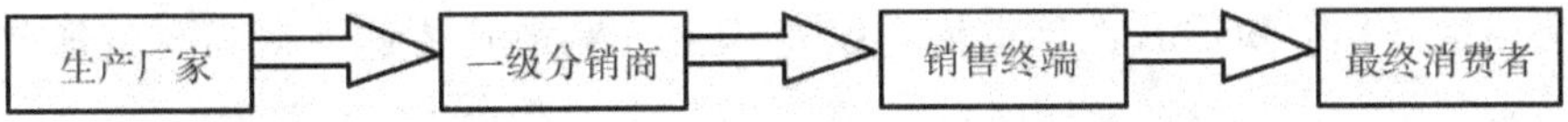

图 8-2

二级渠道模式是指药品由生产厂家生产，由区域一级经销商分销到药店或医院等零售终端，由终端售卖给最终消费者的一种药品销售模式。其特点是在一个目标区域之内只有一个经销商。多级渠道和二级渠道模式也可统称为经销模式。

3. 一级渠道模式（图 8-3）

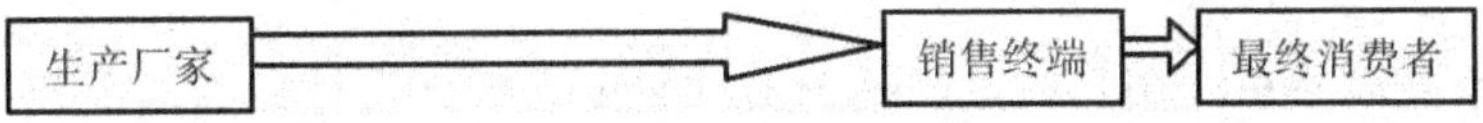

图 8-3

一级渠道模式是指药品由生产厂家分销到药店或医院等零售终端，再由终端售卖给最终消费者的一种药品销售模式。其特点是没有中间环节的经销商。一级渠道模式也叫终端直营模式。

4. 零级渠道模式（图 8-4）

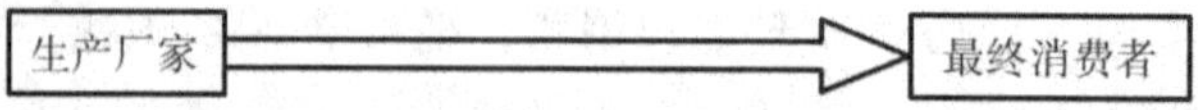

图 8-4

零级渠道模式是指药品由生产厂家直接售卖给最终消费者的一种药品销售模式。其特点是没有销售渠道中的任何经销商和零售商。零级渠道模式也称直销模式。从上文我们可以看出，在药品营销中的 4 种典型渠道模式中，零售终端对大多数中国的医药企业来说是一个无法跳过的环节，这说明销售终端在药品销售过程中的地位是无法替代的。在目前医药营销行业中，卖场促销是一种被广为应用的、综合性较强的促销方式。为什么众多非处方药品的生产商、经销商对终端卖场促销如此热衷和青睐呢？尝到了其甜头的厂商都有相同的感言：首先，终端卖场促销是一种现场感染力极强的促销方式。因为其一系列活动都是在终端卖场里进行的，而终端卖场恰恰又是众多药品集中销售的场所，在这种场所上开展的活动，使人很自然地联想到药品的买与卖；再加上其他药品在现场销售中所体现的氛围，必定会感染消费者，使其产生冲动性的购买。其次，终端卖场促销将药品的卖点和消费者的需求准确对应，对消费者的购买具有指导意义。通过产品专员对药品功效、特点、用法用量等相关知识的宣传讲解，以及医生针对消费者病情病理咨询所作出的解答，很快会让消费者知道我们“要卖的”是否正是他“要买的”。这种现场指导，能迅速地把双方的买卖供求关系缔结起来。第三，终端卖场促销通过宣传产品、凝聚人气，增加了零售商（药店）对该药品的分销信心。药品供应商在药品卖场做促销活动，实际是在做一个“帮零售商卖”的工作，零售商看到供应商出人力、财力、物力来推动自己经营的药品的销售，他何乐而不为？自然会将其列入“首推”品种目录，让营业员重点推介。

（二）终端卖场促销的形式

非处方药品在终端卖场里的促销形式较多，大体可归纳为以下几种。

1. 服务促销

在活动期间，聘请有执业许可证的医务人员，在店堂内进行坐堂义诊，让进店的目标消费者在药店里不花钱挂号同样可以和在医院一样得到医生的会诊，通过医生对患者的病情诊断、咨询解答，让患者在明确自身病症的情况下，结合医生的指导，再去选购对症的药品。通过这种服务，一方面可以使患者做到“安全、对症用药”；另一方面可以降低患者的治病用药成本，这无疑会深受广大消费者欢迎。

2. 卖点促销

产品专员以发放宣传单或现场讲解的方式，介绍药品卖点（有的是剂型，有的是功效，有的是成分，有的是价格），以药品独特的卖点来吸引消费者。消费者获取了相关信息后，必然将该药品与同类产品进行综合比较，如果某药品确有优势，消费者自然会毫不犹豫地选择购买。

3. 利诱促销

利诱促销是指在消费者能以正常的价格获得药品的使用价值时，又“额外地”免费赠送另一种相关的使用价值，让其感觉到此时购买这种药品“物超所值”。这种促销形式具体包括：①配发赠品。赠品是产品的变身（很多赠品是在产品上加印“赠品”字样而成的），它变相地让消费者不用花钱获取了产品。②派送礼品。礼品是和出售的药品有着不同的、但相关的使用价值物品，比如促销减肥类药品时，派送体重秤作为礼品。这种形式对居家旅行日常必备药品的促销较为适合，因为消费者购买此类药品时，常有很大程度的“备用”性质，不是因为急于治病才买药，可以迟买，也可以早买，受时间限制程度较小。

（三）终端卖场促销的流程及细节

要想成功地开展一次卖场促销活动，其流程的设计和细节的安排是最为关键的。因为它涉及到了目标药店的筛选、人员的安排、卖场的布置、活动的实施及活动后的跟踪访问等一系列具体而细致的工作。

1. 确定目标药店

首先，筛选符合下列条件的目标药店：①地理位置好，交通方便；②人流量多，有较多的销售机会；③店堂的综合销售情况较佳，在当地有较好信誉和较强的影响力。接下来，便是与店堂负责人协商，说服他提供场地、促销工具，制定出促销活动期间药品的优惠零售价，并储备足够的药品，以防在活动期间“卖断货”。总之是要全方位地赢得药店的支持和配合。

2. 挑选、训练促销人员

促销人员挑选至关重要，他们是促销活动成功与否的关键。比如说，坐堂医生必须是相关领域的专家或是在这一领域有较深的造诣；同时，应有良好的医风医德，不至于误导患者；而产品专员则要求交际沟通能力强，口齿清晰，表达流利，并且能应付突发事件。在正式的活动开展之前，明确每个参与者的分工，最好是做一次模拟性的活动；同时强调团队协作精神，做到每一个流程的每一个细节上的人员安排没有重叠，也没有空白和漏洞。促销人员最好穿戴白帽、白褂等工作服，这样，一方面显示正规，另一方面可以增加活动的可信度。

3. 明确活动时段、促销形式以及目标销量

活动时段：本次促销活动从几月几日至几月几日止共多少天；每一天从几时至几时。时段选择一般确定在人流高峰期和药品的销售旺季为佳。促销形式：依据药品的具体情况确定以哪种形式为主，哪种形式为辅，或是几种形式的综合运用。

目标销量：最好将目标销量平均细分到每一天。当天如未能达到预定目标，则应及时总结不足之处，并调整促销方案。

4. 促销卖场的布置

(1) 拉挂条幅，突出本次活动的主题。其格式通常是“生产厂家＋药名＋店名＋活动方式＋活动时段”。如“上海和黄药业消肿片隆泰大药房议诊销售周”。条幅悬挂必须抢眼，字体必须醒目易认。

(2) 放置充足的关于药品卖点宣传的宣传标牌及精美印刷资料，以备消费者查阅或带走。

(3) 摆放样品，做好生动化陈列，将药品直观、生动地展现在消费者面前。

5. 促销活动的实施

在这一阶段主要是几方的人员要紧密配合，分工协作：坐堂医生和产品专员等促销人员负责对患者进行病情诊断以及产品知识和病理知识的讲解；店堂对应柜台的营业员负责对消费者进行推荐性的售卖；其他人员负责发药、收款、赠品或礼品领取的线路指导。确保促销活动紧张而有序地进行。

6. 填写档案表

在患者离开药店之前，应说服其填写基本信息档案表，记录下患者姓名、联系方式、通讯地址、用药前的病症、本次购药数量，以便在患者用药完毕之前适时跟踪访问，及时了解病人对药品的反馈意见。这里应注意的是，访问次数不宜过于频繁，用药周期长的，不应超过3次，一般以不超过2次为宜。否则，容易引起消费者的反感。

（四）绕开卖场促销的“雷区”

在促销活动的安排和实施时，往往会因决策或执行过程中的“百密一疏”，不仅没有真正达到“促进销售”的目的，反而“劳民伤财”成了一笔亏本生意。促销活动过程中常见的“百密一疏”有以下几点。

1. 为“人气”而战，没有明确销量增长目标

不管我们以什么形式开展促销活动，其最终目标是要能促进药品的销量，也就是向促销要销量。通过促销“抢眼球”“赚人气”不是我们的最终目的，花了钱只能赚到吆喝的赔本活动最好不做也罢。

2. 宣称医生和药品“包治百病”，没有明确的卖点诉求

聘请医生和宣传药品时，没有对其进行准确的定位，没有将医生的专长、药品的功效和目标消费者的需求三者有机结合起来，造成患者咨询的不是医生的专长，医生无法精确地解答；消费者患的是其他方面的病症，为了卖出药品送出礼物却牵强附会地宣称“这种药品正好对其有着明确的疗效”。本想通过宣传“包治百病”来争取更多的购买机会，相反因诉求模糊，让消费者感到无可适从，却又白白错过了许多销售机会。更有甚者，有的厂商为突出其药品的卖点，竟恶意诽谤、贬低竞争对手的同类产品。

3. 赠品多于药品，礼品贵于药品，主次不分，喧宾夺主

促销过程中的“利诱”是有限度的，超过限度的一味刺激，效果将适得其反。倘若发放的赠品数量比患者购买药品的数量还多，那么患者以后可能永远也不会购买这种药物了，为什么？因为他已用数量众多的赠品治愈了自己的病。倘若派送的礼品价值比药品的价值还要贵重，那么，消费者将不知你究竟在销售什么，说不定还会把药品当成礼品的“添头”，记住了礼品而忘却了药品，效果适得其反。

4. 促、销脱节，想买买不到，痛失销售机会

促销活动过程中最让人心痛的是，当促销人员费尽千方百计、磨破嘴皮说服消费者购买时，消费者竟找不到对应的售药柜台；或开了票却找不到收银台付款；付了款回头取药却又被告之“货已卖完，请等待”……诸如此类的促、销各环节的脱节现象比比皆是，致使消费者“想买”却“买不到”。

5. 做“一锤子买卖”，忽略了售后跟进

产品销售是一项长期的系统工程，单凭一两次促销活动而没有系统的售后跟进的短期行为绝对得不到持久、稳定的销量。促销活动结束后，通过开展售后跟进工作，听取消费者的反馈意见，一方面可以了解到自己所诉求的卖点，是否真正被消费者所接受认同，从而获取工艺、价格、包装等方面改进的依据；另一方面，可以凸显自身的服务优势，争取更多的回头客。说不定，消费者正在为选择我们的产品还是竞争对手的同类产品而犹豫不决时，我们一个跟踪式电话拜访正好坚定了他再次购买的决心。

总之，系统管理法一定是建立在全局观的前提下展开的。要想用好系统管理方法，不是几个定式就能解决一切问题，需要建立一套系统的营销思维方法，建立系统营销思维的准则是：由市场来定组织；由组织来成系统；由系统来生制度；由制度创流程；由流程来促执行。建立系统营销更多的是企业自身的改变，这需要企业领导者的决心和勇气，只有不断地随着市场的变化来调整营销组织、才能达到事业永固，基业长青，毕竟“胜人者有力，自胜者强”。

参考文献

[1] 邓超明，刘洋．网络整合营销实战兵法［M］．汕头：汕头大学出版社，2011.

[2] 张大禄，薛建欣．药品营销策略与技巧实战158例［M］．北京：中国医药科技出版社，2007.

[3] 何贯中，郝雨风．医药营销100战·最佳制胜之道［M］．北京：中国经济出版社，2007.

[4] 段继东．管理丛书：时代方略医药系列在中国，医药营销这样做时代方略精选文集［M］．北京：中华工商联合出版社，2015.

[5] 姬涛，凌云．医药代表实战宝典［M］．北京：海洋出版社，2002.

[6] 万后芬，宁昌会，应斌．市场营销教学案例［M］．北京：高等教育出版社，2009.

[7] 孟韬，毕克贵．营销策划方法、技巧与文案［M］．北京：机械工业出版社，2012.

[8] 王永炎．中国传统医药与人类健康［M］．北京：中医古籍出版社，2004.

[9] 孙晓燕．医药营销［M］．北京：中国轻工业出版社，2014.

[10]（美）米基·C．史密斯（Mickey C．Smith）．医药营销新规则环境、实践与新趋势［M］．北京：电子工业出版社，2017.

[11] 盛德荣．民族医药营销与品牌文化建设研究［M］．北京：中国言实出版社，2015.

[12] 侯胜田．医药营销调研［M］．北京：中国医药科技出版社，2009.

[13] 杨万波．医药营销技术［M］．北京：中国中医药出版社，2006.

[14] 邱家学，席晓宇. 医药管理统计学 [M]. 北京：中国医药科技出版社，2015.

[15] 丛淑芹. 医药市场营销实务 [M]. 济南：山东人民出版社，2016.

[16] 彭崇胜. 中医药与中华传统文化 [M]. 上海：上海交通大学出版社，2017.

[17] 申俊龙，王高玲. 中医药管理学系列丛书：中医药管理学 [M]. 北京：科学出版社，2017.

[18] 董贾寿. 医学器材与管理 [M]. 成都：西南交通大学出版社，2006.

[19] 侯胜田. 医药市场营销学 [M]. 北京：中国医药科技出版社，2009.

[20] 徐祝封，付元秀. 药品营销与管理 [M]. 西安：第四军医大学出版社，2007.